学诗可以情飞扬、志高昂、人灵秀。

——引自 2013 年 3 月 7 日习近平在中央党校建校 80 周年大会上的讲话

古诗词分级阅读丛书

中华最美古诗词360首

（四级）

学术顾问：周笃文

书名题字：陈洪武

主　　编：刘锦文　康守永

副 主 编：王汉文　王艳芬　乔　维　满在莉

本册编委：（以姓氏笔画为序）

万彩云　　王亚红　　王晓黎　　卢　烨　　冯玉兰　　朱荣梅

刘习枝　　闫翼茹　　苏宏梅　　杜霞霞　　李玉峰　　李　靖

李麒霄　　张亚芳　　赵卫红　　赵春霞　　赵燕清　　胡英霞

郗　莉　　秦改肖　　高　丽　　姬长明　　梁高英　　葛林高

谢凤燕　　靳红亮

艺术总监：李有来　许龙江　吴川淮

插画提供：《中国书画》杂志社

平台支持：全国中小学教师继续教育网

西安出版社

图书在版编目（CIP）数据

中华最美古诗词360首. 四级 / 刘锦文、康守永主编. -- 西安： 西安出版社，2018.12
ISBN 978-7-5541-3210-4

Ⅰ. ①中… Ⅱ. ①刘… ②康… Ⅲ. ①古典诗歌—中国—小学—教学参考资料 Ⅳ. ①G624.203

中国版本图书馆 CIP 数据核字（2018）第 158360 号

中华最美古诗词 360 首（四级）

主　　编：刘锦文　康守永
出版发行：西安出版社
社　　址：西安市长安北路 56 号
电　　话：（029）85253740
邮政编码：710061
网　　址：www.xacbs.com
印　　刷：北京凯德印刷有限责任公司
开　　本：787mm×1092 mm　1/20
印　　张：6
字　　数：120 千
版　　次：2018 年 12 月第 1 版
　　　　　2019 年 1 月第 1 次印刷
书　　号：ISBN 978-7-5541-3210-4
定　　价：29.80 元

序

中国诗歌发轫于上古，波澜相接，汇为浩浩之诗海，气势磅礴，穿越万古时空依旧光辉不减，其历史之久远，底蕴之深厚，数量之巨大，品质之超然，震撼之强烈，流传之广阔，影响之深远，在世界文明史上都是举世无双的。

俨然一角灵犀影，焕出诗家万丈虹。在这个国度里，无数诗词巨星，用自己充满高情大爱与奇思的旷世名篇，将汉语言文字特有的声情意象之美发挥到了出神入化的地步，声律优美，意境如画，使人见字生感，闻声动情，从帝王将相到渔父耕夫，无不喜闻乐诵、目醉心迷，诗词成了人们文化生活的首选乃至潜意识存在，在塑造民族性格、凝铸民族精神方面发挥着神工伟力，诗化的中华民族因此历劫不衰，保持着盎然勃发的生命力。古诗词所蕴含的美育力量渗透进了中华文化的各个方面，使其当之无愧地成为中华文化的灵魂、民族的血脉、精神的家园。

诗主性灵，重高节。就个人成长而言，诗词是陶冶性灵、涵养气质、提升审美品位不可替代的载体，对促进智力的发展、创新才能的焕发、自由精神的培育、贤德君子形象的塑造具有极为重要的价值。

以诗词之美弘扬国学、教化人生是每一个文化和教育工作者的义务和使命。正如近平同志在北师大教师节座谈会上说的，"应该把这些经典嵌在学生脑子里，成为中华民族文化的基因"，希望全社会积极承担起激活传统的历史责任，推陈出新，利用各种载体，将传统中华诗歌文化传承下去，让中华诗词在传承中焕发出内生的动力和新的光彩。

周笃文

2018 年 9 月 8 日于北京

周笃文：字晓川，1934 年生，湖南汨罗人，国务院表彰的特殊贡献专家，著名诗词家和宋词研究专家，中华诗词学会和中国韵文学会的创始人之一，历任中国韵文学会常务理事、中华诗词学会副会长兼秘书长、中华诗词编著中心总编辑，原中国新闻学院教授、中外文化研究所所长。已发表诗词近千首，出版各类诗词专集、选集、研究赏析著作十余种，主要著作有《全宋词评注》十卷、《宋词》《宋百家词选》《金元明清词》《华夏之歌》《经典宋词百家解说》《珍藏本宋词》《影珠书屋吟稿》《婉约词典评》《豪放词典评》《中外文化辞典》等，在古典诗词学界享有盛誉。

目　　录

引　言

　　走进缤纷律动的夏日荷塘，听鸟儿欢叫、蛙声悠扬；拾级黄叶漫染的金秋山冈，听泉水流淌、情歌回响；登上月辉静沐的西楼画舫，听钟磬和鸣、宫商绕梁……这些，都是中华古诗词里的寻常意象。

　　泛黄的史册里，从王侯将相到黎民百姓，无论贵贱，或雅或风，你来我往，游弋在诗词的海洋，抚琴摇橹，浅吟低唱；从文人雅士到野夫游侠，不分老少，或兴或比，前呼后拥，徜徉在花园曲榭，举杯邀月，高歌豪放……

　　让我们洗耳恭听——听孔丘弦歌，屈子骚伤……

　　悠远的古道上，一代汉将剑指云天，驰骋边关，倾情演绎着烈士洒血的铿锵；萧瑟的西风中，几个宋臣骑着瘦马，来去回还，奋力弹奏着战马嘶鸣的悲怆；拍岸的惊涛里，风流人物驾着小船，驱风逐雾，镇定挥洒着强虏烟灭的雄壮；凌空的高阁下，绝代诗圣舒展衣袖，轻提缓按，自如书写着鬼神惊泣的华章。

　　蓦然回首，有位佳人，在水中央，巧笑倩兮，美目盼兮，令人心驰神往。

　　让我们走进中华最美古诗词，看郑姬进殿、汉娥离宫、邂逅花妒神赞、鱼沉燕落之天香；看唐妃起舞、宋娘登楼、温暖别易聚难、怀歇肠断之悲凉。

　　"江山代有才人出，各领风骚数百年"，从汉魏风骨到盛唐气象，斗转星移，诗家辈出，诗品日新，诗潮迭起，诗风浩荡。

　　王朝虽更迭，诗魂却永驻。诗词流淌在中国人的血液里，成了中华民族不朽的文化基因。让我们再上高楼，以饱满的人文底蕴，拥抱明日的辉煌。

面壁

[清] 顾沄 《怡园图册》

大林寺①桃花

[唐] 白居易

人间②四月③芳菲④尽⑤，

山寺桃花始盛开。

长恨⑥春归无觅⑦处，

不知转⑧入此中⑨来。

注释

①大林寺：位于庐山大林峰，中国佛教圣地之一。

②人间：指庐山下的村落。

③四月：此处指农历四月，初夏时节。

④芳菲：盛开的花。

⑤尽：指花凋谢了。

⑥长恨：常常惋惜。恨，在古诗词中常常表示遗憾、惋惜之意。

⑦觅：寻找。

⑧转（zhuǎn）：转移。

⑨此中：这里指深山的寺庙里。

古诗今读

庐山脚下四月天百花凋零，高山古寺桃花才刚刚盛开。

常为春光易逝无处寻觅而遗憾惋惜，却想不到它悄悄转入这深山古寺中。

赏析要点

这首小诗蕴含三重对比，令人回味无穷。

第一重：景色对比

"芳菲尽"与"始盛开"形成鲜明对比，一边是庐山脚下百花凋零，春光已消逝；一边是深山古寺，桃花朵朵，春光无限好。

第二重：情感对比

情景交融、寓情于景。景色的对比，推动了诗人情感的变化，由寻春不得的遗憾、感伤，到发现春光正好的惊异、欣喜，对比鲜明。

第三重：意境对比

景色的变换、心情的变化，心生意境自然不同。首句开头，诗人用了"人间"二字，可见"山寺桃花"给诗人带来一种极美的感受，这种惊艳之美，既是桃花朵朵之美，也是春光灿灿之美，更是心花怒放之美。与"芳菲尽"的"人间"相比，仿佛置身仙境。大有"此曲只应天上有，人间能得几回闻"的感触。

作者掠影

白居易（772～846），唐代著名诗人。字乐天，号香山居士，祖籍太原，出生于河南新郑，白居易与元稹共同倡导新乐府运动，世称"元白"，与刘禹锡并称"刘白"。白居易的诗歌题材广泛，形式多样，语言通俗易懂，有"诗魔"和"诗王"之称。

有《白氏长庆集》传世，代表诗作有《长恨歌》《卖炭翁》《琵琶行》等。

延伸阅读

山地气温小知识

在山地地区，气温是随着地势高度的上升而相应递减。一般说，高度每升高 100 米，气温就下降 0.6℃。庐山海拔高度约 1400 米，山顶气温比山麓平川地区一般要低 8 ～ 9℃；大林寺位于今日庐山"花径风景区"，比山下平原高出 1100 余米，气温较山下的九江市一带低 6 ～ 7℃；加以庐山地处长江与鄱阳湖之间，江湖水气郁结，云雾弥漫，日照不足，更使山上的气温降低，春天当然就来得迟了。正是这种独特的山地气候成就了"人间四月芳菲尽，山寺桃花始盛开"的奇景。

考试链接

1. 请简要分析诗人登山前后心情所发生的变化。
2. 指出诗中所运用的一种手法，并就其表达效果作简要赏析。

　　3. 这首诗抒发了诗人怎样的感情？

编注者：苏宏梅

【参考答案】

1. 登山前，诗人为春光逝去而感到遗憾；登山后，当一片春景映入眼帘时，又感到由衷的惊喜和宽慰。
2. 示例：对比的手法。作者把人间"芳菲尽"与山寺桃花"始盛开"进行对比，表现了作者发现山中花开的惊喜之情。
3. 抒发了诗人对春天无限眷恋和热爱的感情。

声韵训练

《声律启蒙》的四豪：

　　琴对瑟，剑对刀，地迥对天高。峨冠对博带，紫绶对绯袍。

　　刑对赏，贬对襃，破斧对征袍。梧桐对橘柚，枳棘对蓬蒿。

　　瓜对果，李对桃，犬子对羊羔。春分对夏至，谷水对山涛。

《笠翁对韵》的四豪：

　　茭对茨，荻对蒿。山麓对江皋。莺簧对蝶板，麦浪对桃涛。

　　梅对杏，李对桃。械朴对旌旄。酒仙对诗史，德泽对恩膏。

　　台对省，署对曹。分袂对同袍。鸣琴对击剑，返辙对回艚。

辛未春正四月廿有一日恭祝
青屿许老先生六十寿
　　　　　　　　渔山吴历

一幅乃董作也
己亥冬九月纂
沈雅宜洲暇日
馬印聊為拳許
青林宏有所蔵
古高雅記

［清］吴历 《寿许青屿山水图轴》

暮江吟①

[唐] 白居易

扫一扫，听朗读

一道残阳②铺③水中，
半江瑟瑟④半江红。
可怜⑤九月初三⑥夜，
露似真珠⑦月似⑧弓。

注释

①暮江吟：用诗歌吟唱傍晚江上的景色。吟，古代诗歌的一种形式。

②残阳：将要落下的太阳照射的光，也指晚霞。

③铺：展开，铺展。这里指太阳光斜照在水面上。

④瑟瑟：碧绿色的宝石。这里指未受到残阳照射的江水所呈现的青绿色。

⑤可怜：可爱。

⑥九月初三：指农历九月初三，这时已进入深秋季节。

⑦真珠：即珍珠。

⑧似：好像。

古诗今读

傍晚时分，快要落山的夕阳，把最后一道余光铺洒在江中；晚霞斜映下的江水一半是碧绿的，一半是鲜红的。

九月初三的夜晚是这样的可爱，露水像珍珠一样在草叶上滚动，一弯新月像天幕上挂着的一把弯弓。

赏析要点

这首诗是白居易"杂律诗"中的一首。此诗如一幅浓淡相宜的暮江图：全诗构思妙绝之处，在于摄取了两幅幽美的自然界的画面，加以组接。一幅是夕阳西沉、晚霞映江的绚丽景象，一幅是弯月初升，露珠晶莹剔透的朦胧夜色。诗中充满了视觉效果，不仅浓淡相宜，而且诗人在这首诗中运用了新颖巧妙的比喻，创造出和谐、宁静的意境，使景色倍显生动。由于当时朝廷政治昏暗，牛李党争激烈，诗人品尽了朝官的滋味，自求外任。该诗从侧面反映出作者离开朝廷后轻松畅快的心情，通过吟咏表现出内心深处的情思和对大自然的热爱之情。

前两句写夕阳落照中的江水。"一道残阳铺水中"，残阳照射在江面上，不说"照"，却说"铺"，这是因为"残阳"已经接近地平线，几乎是贴着地面照射过来，确像"铺"在江上，很形象；这个"铺"字也显得委婉、平缓，写出了秋天夕阳独特的柔和，给人以亲切、安闲的感觉。"半江瑟瑟半江红"，天气晴朗无风，江水缓缓流动，江面皱起细小的波纹。受光多的部分，呈现一片"红"色；受光少的地方，呈现出深深的碧色。诗人抓住江面上呈现出的两种颜色，却表现出残阳照射下，暮江细波粼粼、光色瞬息变化的景象。诗人沉醉了，把

他自己的喜悦之情寄寓在景物描写之中了。

后两句写新月初升的夜景。诗人流连忘返，直到初月升起，凉露下降的时候，眼前呈现出一片更为美好的境界。诗人俯身一看，江边的草地上挂满了晶莹的露珠。这绿草上的滴滴清露，很像是镶嵌在上面的粒粒珍珠。用"真珠"做比喻，不仅写出了露珠的圆润，而且写出了在新月的清辉下，露珠闪烁的光泽。诗人再抬头一看，一弯新月初升，如同在碧蓝的天幕上，悬挂了一张精巧的弯弓。诗人把这天上地下的两种美妙景象，压缩在一句诗里——"露似真珠月似弓"。作者从像弓一样的一弯新月，想起当时正是"九月初三夜"，不禁脱口赞美它的可爱，直接抒情，把感情推向高潮，给诗歌造成了波澜。

诗人通过"露""月"视觉形象的描写，给我们一种充满了宁静和温馨的感觉，那精巧的比喻，读来令人叫绝。由描绘暮江，到赞美月露，这中间似少了一个时间上的衔接，而"九月初三夜"的"夜"无形中把时间连接起来，它上与"暮"接，下与"露""月"相连，这就意味着诗人从黄昏时起，一直玩赏到月上露下，蕴含着诗人对大自然的喜悦、热爱之情。

白居易（772~846），唐代伟大的现实主义诗人，唐代三大诗人之一。字乐天，号香山居士，又号醉吟先生，祖籍太原，到其曾祖父时迁居下邦，生于河南新郑。白居易与元稹共同倡导新乐府运动，世称"元白"，与刘禹锡并称"刘白"。白居易的诗歌题材广泛，形式多样，语言通俗优美，布局完美，形象生动，对后世有很大影响。有"诗魔"和"诗王"之称。贞元进士，任过一些地方官，官至翰林学士、左赞善大夫。846年，白居易在洛阳逝世，葬于香山。有《白氏长庆集》传世，代表诗作有《长恨歌》《卖炭翁》《琵琶行》等。

延伸阅读

描写月亮的诗词：

关山月

[唐]李白

明月出天山，苍茫云海间。
长风几万里，吹度玉门关。

汉下白登道，胡窥青海湾。
由来征战地，不见有人还。
戍客望边色，思归多苦颜。
高楼当此夜，叹息未应闲。

中秋月

[唐]苏轼

暮云收尽溢清寒，银汉无声转玉盘。
此生此夜不长好，明月明年何处看。

霜 月

[唐]李商隐

初闻征雁已无蝉，百尺楼南水接天。
青女素娥俱耐冷，月中霜里斗婵娟。

考试链接

1.《暮江吟》一二句写的是_____的景色，三四句写的是_____的景色，这首诗在写景上的主要特点是_____，表达了诗人_____祖国山河的思想感情。

2. 把第一句中"一道残阳铺水中"的"铺"改

为"照"，好不好？为什么？

　　3. 诗中哪些景物说明了时间的变化？

编注者：王亚红

【参考答案】

1. 江面　江边　运用了新颖巧妙的比喻　热爱

2. 不好。残阳照射在江面上，不说"照"，却说"铺"，这是因为"残阳"已经接近地平线，几乎是贴着地面照射过来，确像"铺"在江上，很形象；这个"铺"字也显得委婉、平缓，写出了秋天夕阳独特的柔和，给人以亲切、安闲的感觉。

3. 诗中残阳、露、月说明了时间的变化。《暮江吟》前两句写的时间是日落前（一小段时间）或日落时；后两句主要写日落后（一小段时间），即黄昏；由后两句还引伸出夜里一段时间。

声韵训练

《声律启蒙》的五歌：

　　山对水，海对河，雪竹对烟萝。新欢对旧恨，痛饮对高歌。

　　繁对简，少对多，里咏对途歌。宦情对旅况，银鹿对铜驼。

　　霜对露，浪对波，径菊对池荷。酒阑对歌罢，日暖对风和。

《笠翁对韵》的五歌：

　　微对巨，少对多。直干对平柯。蜂媒对蝶使，雨笠对烟蓑。

　　慈对善，虐对苛。缥缈对婆娑。长杨对细柳，嫩蕊对寒莎。

　　松对竹，芛对荷。薜荔对藤萝。梯云对步月，樵唱对渔歌。

　　笼对槛，巢对窝。及第对登科。冰清对玉润，地利对人和。

［明］ 戴进 《春山积翠图》

三衢道中①

[宋] 曾几

梅子黄时②日日晴，

小溪泛尽③却山行④。

绿阴⑤不减⑥来时路，

添得黄鹂⑦四五声。

注释

①三衢（qú）道中：在去三衢州的道路上。三衢，
　因浙江省常山县的三衢山而得名。

②梅子黄时：指梅子成熟的季节。

③尽：尽头。

④却山行：再走山间小路。

⑤绿阴：碧绿的树阴。

⑥不减：差不多。

⑦黄鹂：也称黄莺，叫声婉转悦耳。

古诗今读

　　梅子成熟的季节，天气晴朗，作者乘着小船沿溪而行，走到尽头，兴致未减，又走进山间的小路，欣赏美丽的风景。

　　碧绿的树阴和来的时候一样浓密，忽然，远处山林中，传来几声黄鹂婉转的鸣叫，更增添了游玩的乐趣。

赏析要点

　　《三衢道中》是南宋诗人曾几的一首七言绝句，

是他游浙江衢州三衢山时写的。

首句"梅子黄时"点明季节。"日日晴"强调天气。第二句，交代地点，在溪上和山中，用"却"来巧妙衔接。一二句通过"晴""却"两个字，渲染出一种欢乐的心情。"梅子黄时日日晴，小溪泛尽却山行"，主要写初夏时节，梅子渐渐成熟，记忆中的五月，往往阴雨绵绵，如今却是日日晴朗，走在三衢山的风景里，心情越发明朗。通过对比，描写了以前和现在五月的不同，既写好天气，又写好心情。诗人乘兴而行，沿着小溪，细细欣赏，直到尽头，游兴不减，便继续步行上山，一路行走，一路观赏，沉醉其中，流连忘返。

"绿阴"一词，呈现在读者面前的是一幅"绿杨阴里白沙堤"浓淡相宜的水墨风情画，寥寥九个字，给人无限遐想。不管是溪水两岸，还是小路两旁，不管是来的路上，还是归家的时刻，到处都是一片苍翠欲滴的绿阴。溪水潺潺，山路蜿蜒，沉醉之时，忽听远处传来几只黄鹂的叫声，更增添了旅途的乐趣。一二三句，重在写景和叙事，"一切景语皆情语"，借景抒发自己的好心情。"四五声"，或许是两三声，或许是许多声，用鸟的叫声，增加了整首诗的动态感，看似平淡无奇，其实更有余音绕

梁的回味感，增加整首诗的乐趣。所谓"鸟鸣山更幽"，通过黄鹂的叫声，更衬托出之前旅途的幽静，悠闲。

整首诗，有声有色，有山有水，有景有情，既有画面感，又有音乐感，体现出诗词特有的形象美，音乐美，绘画美，想象美等特点。整首诗，语言如行云流水，自然天成，毫无雕琢之嫌，给人感觉如山中的小家碧玉，清新安静，又不乏活泼可爱，不禁让人心生喜爱。

作者掠影

曾几（1085～1166），宋代诗人，字吉甫，自号茶山居士。历经北宋后期至南宋时期，享年83岁。其先居江西赣县，徙居河南洛阳。曾几学识渊博，历任江西、浙西提刑、秘书少监、礼部侍郎等职。

曾几的创作题材丰富，有爱国诗、悯农诗、写景诗、旅游诗等，形式上以七律和绝句为主。其诗特点讲究用字炼句，作诗不用奇字、僻韵，风格活泼流动、清新恬淡。他在宋代诗史上具有特殊的地位，不仅创作丰厚，而且对江西诗派的继承和创新

有很大贡献。他的学生陆游替他作《墓志铭》，称他"治经学道之余，发于文章，雅正纯粹，而诗尤工"。他的主要作品是《赠空上人》《南山除夜》《三衢道中》等。

延伸阅读

诗词里飞来的黄鹂

诗词是文学艺术的明珠。唐诗宋词中，很多诗句，都是通过一系列意象来塑造的。比如，"柳树"让我们想到折柳送别的事；"柳絮"让我们想到"漫天的思绪"；"明月"让我们想到故乡；"红豆"让我们想到爱情；"梅花"让我们想到坚强……好的诗词，离不开意象。《三衢道中》这首诗意象很多，比如梅子、绿阴、黄鹂……今天重点讲这只从诗词里飞来的黄鹂。

黄鹂，也称"黄莺""黄鸟"，是一些中等体型的鸣禽。羽毛鲜黄，共有 2 属 29 种，中国现有 6 种。黄鹂大多生活在阔叶林中，以昆虫、浆果为食，为食虫益鸟。雄鸟在繁殖期间，鸣叫声，清脆悦耳，所以常被写入诗词。自古以来，黄鹂被诗人写成千古佳句，载入诗册，为中国文学增添了一抹亮丽的色彩。比如，"两个黄鹂鸣翠柳，一行白鹭上青天""留连戏蝶时时舞，自在娇莺恰恰啼""映阶碧草自春色，隔叶黄鹂空好音"同样是杜甫眼中的黄鹂，在不同的时间，不同的地点，写出了不同的心情，创造了不同的意境，渲染出不同的文学色彩。王维的"漠漠水田飞白鹭，阴阴夏木啭黄鹂"描绘了自然美景的同时，表现了他寄情山水、田园的悠闲情怀，体现他典型的清新自然、空灵唯美的写作风格。除此之外，宋代晏殊的《破阵子·燕子来时新社》对黄鹂也有描写。如，"燕子来时新社，梨花落后清明。池上碧苔三四点，叶底黄鹂一两声，日长飞絮轻。巧笑东郊女伴，采桑径里逢迎。疑怪昨宵春梦好，原是今朝斗草赢，笑从双脸生。"整首词，上阕写景，下阕记事，通过燕子、梨花、碧苔、黄鹂、柳絮、采桑女等等一些极其常见的自然事物，创造出美丽的意象，写出古代少女们，做斗草游戏的生活片段，呈现出一片情趣盎然的画面。这里的"黄鹂"，既为整首词增加色彩，又增加声音，成为亮丽的一点。

不管是唐诗，还是宋词，作者塑造了很多或活泼，或可爱，或轻盈，或悲哀的经典"黄鹂"形象，不同的形象，带给我们不同的感受，让我们在古诗词中，慢慢去寻觅，去体会，去感悟。作为一名现代诗词爱好者，"黄鹂"这一意象，也常被用于我的诗词创作中，如《河传·忘》"榆钱串串，这春光谁缩，知音未见。思念叠叠，塞满农家庭院。杏花红，独自看。汶河胜过江南岸？十里垂杨，两个黄鹂唤。风雨几年，欲把此情敷衍。正忘时，心已乱！"我希望，更多的现代诗词爱好者，也能写出经典的黄鹂形象，丰富我们的诗词文化宝库。

考试链接

1.这首诗写的是什么季节？从哪些意象可以推理出来？

2.这首诗主要写了哪两种颜色，表达了作者什么样的心情？

编注者：朱荣梅

【参考答案】

1. 初夏　梅子黄时
2. 黄色　绿色　表达了诗人山行时轻松愉快的心情。

声韵训练

《声律启蒙》的六麻：

松对柏，缕对麻，蚁阵对蜂衙。赪鳞对白鹭，冻雀对昏鸦。

优对劣，凸对凹，翠竹对黄花。松杉对杞梓，菽麦对桑麻。

吴对楚，蜀对巴，落日对流霞。酒钱对诗债，柏叶对松花。

《笠翁对韵》的六麻：

清对浊，美对嘉。鄙吝对矜夸。花须对柳眼，屋角对檐牙。

雷对电，雾对霞。蚁阵对蜂衙。寄梅对怀橘，酿酒对烹茶。

圆对缺，正对斜。笑语对咨嗟。沈腰对潘鬓，孟笋对卢茶。

疏对密，朴对华。义鹘对慈鸦。鹤群对雁阵，白苎对黄麻。

［明］ 尤求 《四弦图》

赠 花 卿①

[唐] 杜甫

扫一扫，听朗读

锦城②丝管③日纷纷④，

半入江风半入云。

此曲只应天上⑤有，

人间能得几回闻⑥。

注释

①花卿：成都尹崔光远的部将花敬定。曾平定段子
　璋之乱。卿，当时对地位、年辈较低的人的一种
　客气的称呼。
②锦城：即锦官城，此指成都。
③丝管：弦乐器和管乐器，这里泛指音乐。
④纷纷：繁多而杂乱，形容乐曲的轻柔悠扬。
⑤天上：双关语，虚指天宫，实指皇宫。
⑥几回闻：本意是听到几回。文中的意思是说人间
　很少听到。

古诗今读

　　锦官城里的音乐声轻柔悠扬，一半随着江风飘
去，一半飘入了云端。
　　这样美妙的乐曲只应该天上有，人间哪里能听
见几回？

赏析要点

　　"锦城丝管日纷纷"，"纷纷"，本意是既多而乱
的样子，通常是用来形容那些看得见、摸得着的具
体事物的，这里却用来比喻看不见、摸不着的抽象

的乐曲，这就从人的听觉和视觉的通感上，化无形为有形，极其准确、形象地描绘出弦管那种轻悠、柔靡，杂错而又和谐的音乐效果。

"半入江风半入云"也是采用同样的写法：那悠扬动听的乐曲，从花卿家的宴席上飞出，随风荡漾在锦江上，冉冉飘入蓝天白云间。这两句诗，使读者真切地感受到了乐曲的那种"行云流水"般的美妙。两个"半"字空灵活脱，给全诗增添了不少的情趣。

乐曲如此之美，作者禁不住慨叹说："此曲只应天上有，人间能得几回闻。"天上的仙乐，人间当然难得一闻，难得闻而竟闻，愈见其妙得出奇了。

全诗四句，前两句对乐曲作具体形象的描绘，是实写；后两句以天上的仙乐相夸，是遐想。因实而虚，虚实相生，将乐曲的美妙赞誉到了极致。

作者掠影

杜甫（712～770），唐代伟大的现实主义诗人，字子美，自号少陵野老，世称"杜工部""杜少陵"等，河南府巩县（今河南省巩义市）人，杜甫被世人尊为"诗圣"，其诗被称为"诗史"。杜甫与李白合称"李杜"，为了跟另外两位诗人李商隐与杜牧即"小李杜"区别开来，杜甫与李白又合称"大李杜"。

他忧国忧民，人格高尚，他约有1400余首诗被保留了下来，诗艺精湛，在中国古典诗歌中备受推崇，影响深远。其中著名的有《三吏》《三别》《兵车行》《茅屋为秋风所破歌》《丽人行》《春望》等。杜甫诗充分表达了他对人民的深刻同情，揭露了封建社会剥削者与被剥削者之间的尖锐对立："朱门酒肉臭，路有冻死骨！"这千古不朽的诗句，被世世代代的中国人所铭记。"济时敢爱死，寂寞壮心惊！"这是杜甫对祖国无比热爱的充分展示，这一点使他的诗具有很高的人民性。

延伸阅读

关于《赠花卿》主旨的三种看法

关于此诗的意旨，前人说法不一。

一说为讽刺。杨慎《升庵诗话》云：（花卿）"蜀之勇将也，恃功骄恣。杜公此诗讥其僭用天子礼乐也。而含蓄不露，有风人言之无罪，闻之者足以戒之旨。公之绝句百余首，此为之冠"。《杜诗镜铨》："似诙似讽，所谓言之者无罪，闻之者足以戒也。"

一说无讽刺，乃赠歌妓之作。《唐风怀》云："南村曰：少陵篇咏，感事固多，然亦未必皆有所指也。杨用修以花卿为敬定，颇似傅会。元端云是'歌伎'，于理或然"。《网师园唐诗笺》："不必果有讽刺，而含蕴无尽。"

也有不究意旨者。《杜诗详注》："此诗风华流丽，顿挫抑扬，虽太白、少伯，无以过之"。

考试链接

1. 对这首诗赏析有误的一项是（　　）

A. "此曲只应天上有，人间能得几回闻。" "天上"，就是指传说中神仙居住的地方。

B. "半入江风半入云"是点睛之笔，不但写出了音乐从城中向空中、向郊外的弥漫，更以具体可感的形象描摹了抽象的音乐之美。

C. 这首诗柔中有刚，绵里藏针，寓讽于谀，意在言外，忠言而不逆耳，可谓恰到好处。

2. 赏析"半入江风半入云"一句的妙处。

编注者：万彩云

【参考答案】

1. A
2. 那悠扬动听的乐曲，从花卿家的宴席上飞出，随风荡漾在锦江上，冉冉飘入蓝天白云间。这两句诗，使读者真切地感受到了乐曲的那种"行云流水"般的美妙。两个"半"字空灵活脱，给全诗增添了不少的情趣。从人的听觉和视觉的通感上，化无形为有形，极其准确、形象地描绘出弦管那种轻悠、柔靡，杂错而又和谐的音乐效果。

〔明〕 王谔 《月下吹箫图》

寄扬州韩绰①判官②

[唐] 杜牧

青山隐隐水迢迢③，
秋尽江南草未凋④。
二十四桥⑤明月夜，
玉人⑥何处教⑦吹箫⑧？

注释

①韩绰：事不详，杜牧另有《哭韩绰》诗。

②判官：观察使、节度使的属官。时韩绰拟任淮南节度使判官。

③迢迢：指江水悠长遥远。

④凋（diāo）：凋谢。

⑤二十四桥：一说为二十四座桥。北宋沈括《梦溪笔谈·补笔谈》卷三中对每座桥的方位和名称一一做了记载。一说有一座桥名叫二十四桥，清李斗《扬州画舫录》卷十五："廿四桥即吴家砖桥，一名红药桥，在熙春台后，……扬州鼓吹词序云，是桥因古二十四美人吹箫于此，故名。"

⑥玉人：貌美之人。这里是杜牧对韩绰的戏称。一说指扬州歌伎。

⑦教：使，令。

⑧箫：一种乐器。

古诗今读

青山隐隐约约，绿水千里迢迢；秋时已尽，江南草木还未枯凋。

二十四桥明月映照幽幽清夜，你这美人现在何处教人吹箫？

赏析要点

扬州之盛，唐世艳称，历代诗人为它留下了多少脍炙人口的诗篇。这首诗风调悠扬，意境优美，千百年来为人们传诵不衰。

"青山隐隐水迢迢"，从大处落墨，画出远景：青山逶迤，隐于天际，绿水如带，迢递不断。"隐隐"和"迢迢"这一对叠字，不但画出了山清水秀、绰约多姿的江南风貌，而且隐约暗示着诗人与友人之间，山遥水长的空间距离，那抑扬的声调中仿佛还荡漾着诗人思念江南的似水柔情。此时虽然时令已过深秋，江南的草木却还未凋落，风光依旧旖旎秀媚。正由于诗人不堪晚秋的萧条冷落，因而格外眷恋江南的青山绿水，越发怀念远在热闹繁花之乡的故人了。

江南佳景无数，诗人记忆中最美的印象则是在扬州"月明桥上看神仙"的景致。岂不闻"天下三分明月夜，二分无赖是扬州"，更何况当地名胜二十四桥上还有神仙般的美人可看呢？"玉人"，既可借以形容美丽洁白的女子，又可比喻风流俊美的才郎。有人说此处玉人当指韩绰。诗人本是问候友人近况，却故意用玩笑的口吻与韩绰调侃，问他当此秋尽之时，每夜在何处教妓女歌吹取乐。这样，

不但韩绰风流倜傥的才貌依稀可见，两人亲昵深厚的友情得以重温，而且调笑之中还微微流露了诗人对自己"十年一觉扬州梦，赢得青楼薄幸名"的感喟，从而使此诗平添了许多风韵。这首诗读之令人如见月光笼罩的二十四桥上，吹箫的美人披着银辉，宛若洁白光润的玉人，仿佛听到呜咽悠扬的箫声飘散在已凉未寒的江南秋夜，回荡在青山绿水之间。它所唤起的是人们对江南风光的无限向往。

作者掠影

杜牧（803~852），唐代杰出的诗人、散文家，字牧之，号樊川居士，京兆万年（今陕西西安）人。是宰相杜佑之孙，杜从郁之子。唐文宗大和二年26岁中进士，授弘文馆校书郎。因晚年居长安南樊川别墅，故后世称"杜樊川"，著有《樊川文集》。杜牧的诗歌以七言绝句著称，内容以咏史抒怀为主，其诗英发俊爽，多切经世之物，在晚唐成就颇高。杜牧人称"小杜"，与李商隐并称"小李杜"。

杜牧小传

唐德宗贞元十九年，杜牧生于世代官宦并很有文化传统的家庭。他的远祖杜预是西晋著名的政治家和学者。祖父杜佑，是中唐著名的政治家、史学家，先后任德宗、顺宗、宪宗三朝宰相，一生好学，博古通今，著有《通典》二百卷。父亲杜从郁官至驾部员外郎，早逝。

杜牧的童年生活富裕而快乐。杜佑的樊川别墅在长安城南，其地有林亭之美，卉木幽邃，杜牧常在园中嬉戏。祖、父相继去世后，他家日益贫困，"食野蒿藿，寒无夜烛"。

杜牧生当唐王朝似欲中兴实则无望的时代，面对内忧外患，他忧心如焚，渴望力挽狂澜，济世安民。他主张削平藩镇，收复边疆。由于怀才不遇，他的愿望不能实现，所以往往在生活上放旷不羁。这些都影响到他的创作。

杜牧出生于诗书之家，虽不是钟鸣鼎食般的生活，但未受过半点穷。祖父杜佑不仅官至宰相，而且是一位博古通今的大学者，著有二百卷的《通典》。这给了自幼好学的杜牧以深厚的家学功底，早在他参加科举考试之际，就曾以一篇《阿房宫赋》传诵于文士之间。太学博士吴武陵击掌称好，甚至跑去向主考官登门直荐。

杜牧确实有才华，而且政治才华出众。他专门研究过孙子，写过十三篇《孙子》注解，也写过许多策论咨文。特别是有一次献计平虏，被宰相李德裕采用，大获成功。

可惜杜牧有相才，而无相器，又生不逢时在江河日下的晚唐，盛唐气息已一去不返，诸帝才庸，边事不断，宦官专权，党争延续，一系列的内忧外患如蚁穴溃堤，大唐之舟外渗内漏。杜牧死后不过数年，农民起义便如风起云涌，再过五十年，江山易帜。"请数击虏事，谁其为我听"，杜牧的才能，湮没于茫茫人海之中。

杜牧风流得别具一格，风流得声名远播，在繁华的扬州，杜牧的足迹踏遍青楼，宿醉不归。正是"十年一觉扬州梦，赢得青楼薄幸名"，字词之间，满是艳情。杜牧的风流轶事，与他的才华一样，传之于世。

1. 试赏析"隐隐"和"迢迢"的意蕴。

2. 这首诗表达了杜牧怎样的思想感情？

编注者：姬长明

【参考答案】

1. "隐隐"和"迢迢"这一对叠词，不但画出了山清水秀、绰约多姿的江南风景，而且隐约暗示着诗人与友人之间山遥水长的空间距离。暗寓诗人对故地和朋友的思念之情。

2. 抒发了诗人杜牧格外眷恋江南的青山绿水，怀念远在热闹繁华之乡的故人的思想感情。

声韵训练

《声律启蒙》的七阳：

高对下，短对长，柳影对花香。词人对赋客，五帝对三王。

尧对舜，禹对汤，晋宋对隋唐。奇花对异卉，夏日对秋霜。

荀对孟，老对庄，鬋（duǒ）柳对垂杨。仙宫对梵宇，小阁对长廊。

《笠翁对韵》的七阳：

台对阁，沼对塘。朝雨对夕阳。游人对隐士，谢女对秋娘。

红对白，绿对黄。昼永对更长。龙飞对凤舞，锦缆对牙樯。

衰对壮，弱对强。艳饰对新妆。御龙对司马，破竹对穿杨。

臣对子，帝对王。日月对风霜。乌台对紫府，雪牖（yǒu）对云房。

［宋］ 王居正 《纺车图》

四时田园杂兴①（其一）

[宋] 范成大

昼出耘田②夜绩麻③，
村庄儿女各当家。
童孙未解④供⑤耕织，
也傍⑥桑阴学种瓜。

注释

①杂兴：各种兴致。
②耘田：除去田里的杂草。
③绩麻：把麻搓成线。
④未解：不懂。
⑤供：从事。
⑥傍：靠近。

古诗今读

白天锄地，夜晚搓麻，农家男女各自忙着自己的事情，各有自己拿手的本事。

小孩子哪里懂得耕织之事，也模仿大人的样子，在靠近桑树的下面学着种瓜。

赏析要点

《四时田园杂兴》是诗人退居家乡后写的一组大型的田家诗，共60首，描写农村春、夏、秋、冬四个季节的景色和农民的生活，同时也反映了农民遭受的剥削以及生活的困苦。

本首诗为其中的一首，描写了夏日乡村农人耕织以及儿童学着大人的样子耕种田地的情景。展现了农家夏忙时热烈的劳动场面，流露出诗人对劳动人民的敬重之情。全诗语言平白、朴实、自然，具有浓浓的生活气息。

"昼出耘田夜绩麻"：白天锄地，夜晚搓麻。这句直接写劳动场面。

"村庄儿女各当家"：农家男女各自忙着自己的事情，各有自己拿手的本事。

前两句诗生动描绘了乡村里男耕女织、日夜辛劳的情形，表达了诗人对劳动人民的敬重之情。

"童孙未解供耕织"：小孩子哪里懂得耕织之事。

"也傍桑阴学种瓜"：也模仿大人的样子，在靠近桑树的下面学着种瓜。"也""学"二字简洁传神，一个"学"字，表现出了农村儿童的天真情趣，一个天真、可爱的儿童形象便跃然纸上。

后两句写得意趣横生，意味深远。那些孩子们，他们不会耕地也不会织布，但却在茂盛成阴的桑树下学种瓜。这些孩子从小耳濡目染，喜爱劳动。这是农村中常见的现象，十分有趣，也颇有特色，表现了农村儿童的天真情趣，流露出诗人对热爱劳动的农村儿童的赞扬。

作者掠影

范成大（1126～1193），南宋诗人，字致能，号称石湖居士，苏州吴县（今属江苏）人。卒谥文穆。宋高宗绍兴二十四年（1154年）进士。乾道六年（1170年）以资政殿。大学士出使金邦，坚强不屈，不辱使命，几乎被杀。诗与陆游、杨万里、尤袤齐名，合称"南宋四大家"。现存诗1900余首，诗中忧国恤民，多有佳作。诗人晚年回到苏州石湖开始过起隐居的生活，根据自己在农村的生活写成《四时田园杂兴》60首，是一生田园诗的代表作。分为"春日""万春""夏日""秋日""冬日"五组，每组十二首。这些诗反映了农民一年四季的劳动和生活以及民生的疾苦，内容极为丰富。本首诗为"夏日"中的一首。其诗风多样，五言精致华瞻，七绝流利自然。其词亦风格多样，颇有情致。著有《石湖居士集》《菊普》《梅普》等。

延伸阅读

范成大作品特点

范成大不喜欢做官，却向往宁静的田园生活。所以，他才写下了这么多的田园诗。他出生于一个农民家庭，父母的劳作方式以及他美好的童年给他留下了很深的印象，更是早年贫寒的生活，使得范成大接近社会底层，深刻了解农民被盘剥压榨的情形，同情他们的艰辛，他的这些经历为他写田园诗做了铺垫。

范成大的诗作题材广泛，以反映农村社会生活内容的作品成就最高。他的田园诗概括地描写了农村的广阔生活和农民的疾苦，既有深刻的社会内容，又同时表现了恬静闲适的田园生活，是中国古代田园诗的集大成者。

对于当时的封建社会来说，农民的生活并非是诗中那么美好。所以，大多数诗人写的是农村破旧衰败的景象，而范成大却写出了农村的风光优美以及农民的劳动愉悦。这并不是诗人有意掩饰丑恶现实，有意美化黑暗生活。诗人是在用诗的眼光去发掘生活中的美，并努力去再现这种美。只有这样，他们才能写出美，并让读者感受到浓浓的诗情画意。在我们生活中，只要你用心发现，终究会找到美的存在。生活因为有美，才让人以积极的态度去面对生活。

考试链接

1.《四时田园杂兴》组诗都是_____描写，作者是_____，他的诗作大部分都是反映_____。

2.这首诗描绘了什么样的景象？表达了诗人什么样的情感？

编注者：秦改肖

【参考答案】
1. 田园风光　范成大　农村生活
2. 这首诗前两句描写乡村男耕女织，日夜辛劳，表现了诗人对劳动人民的同情和敬重；后两句生动地描写了农村儿童参加力所能及的劳动的情景，流露出对热爱劳动的农村儿童的赞扬。

清凉臺

薄暮平臺獨上游可憐春色亡靜
南州陵松但見陰雲谷江水猶涵白
日流故壘鴉歸宵寂亡廢園花
發思悠亡興亡自古咸悵悵莫遣
歌嚴到嶺頭

清相遺人極

[清] 石涛 《清凉台图》

江 南 春

[唐] 杜牧

千里莺啼绿映红①，

水村山郭②酒旗③风。

南朝四百八十寺④，

多少楼台烟雨中。

注释

①绿映红：绿树红花相互掩映。

②郭：外城。此处指城镇。

③酒旗：一种挂在门前以作为酒店标记的小旗。

④四百八十寺：形容寺庙多，虚指。

古诗今读

　　千里江南，到处莺歌燕舞，桃红柳绿，在临水的村庄，依山的城郭，到处都有迎风招展的酒旗。

　　南朝以来修建的无数寺庙，如今不知有多少都矗立在这朦胧的烟雨之中。

赏析要点

　　这首《江南春》，千百年来素负盛誉。两句诗，既写出了江南春景的丰富多彩，也写出了它的广阔、深邃和迷离。

　　"千里莺啼绿映红，水村山郭酒旗风。"诗一开始就展现了江南大自然风光：黄莺、绿树、红花、村庄、城郭、酒旗，一一在望，迷人而又生机勃勃。

　　"南朝四百八十寺，多少楼台烟雨中。"金碧辉煌、屋宇重重的佛寺被迷蒙的烟雨笼罩着，就更增加了一种朦胧迷离的色彩。"南朝"二字更给这幅画面增添悠远的历史色彩。诗人先强调建筑宏丽的佛寺非止一处，然后再接以"多少楼台烟雨中"这样的唱叹，就特别引人遐想。

作者掠影

杜牧（803～852），唐代杰出的诗人、散文家，字牧之，号樊川居士，京兆万年（今陕西西安）人。他是宰相杜佑之孙，杜从郁之子。唐文宗大和二年26岁中进士，授弘文馆校书郎。后赴江西观察使幕，转淮南节度使幕，又入观察使幕，理人国史馆修撰，膳部、比部、司勋员外郎，黄州、池州、睦州刺史等职。

因晚年居长安南樊川别墅，故后世称"杜樊川"，著有《樊川文集》。杜牧的诗歌以七言绝句著称，内容以咏史抒怀为主，其诗英发俊爽，多切经世之物，在晚唐成就颇高。

延伸阅读

小李杜

"小李杜"指唐代诗人李商隐和杜牧。"小李杜"之于晚唐诗坛的作用，我们总是不禁要拿来与大"李杜"在盛唐的作用相类比，如果说李白、杜甫共同创造了盛唐诗歌的一个几乎无可企及的巅峰，那么李商隐和杜牧则在晚唐业已没落的诗风中添上瑰丽的一页。

李商隐（813～858），字义山，号玉溪生，唐代著名诗人，祖籍河内（今河南省焦作市）沁阳，出生于郑州荥阳。他擅长诗歌写作，骈文文学价值也很高，是晚唐最出色的诗人之一，和杜牧合称"小李杜"，与温庭筠合称为"温李"，因诗文与同时期的段成式、温庭筠风格相近，且三人都在家族里排行第十六，故并称为"三十六体"。其诗构思新奇，风格秾丽，尤其是一些爱情诗和无题诗写得缠绵悱恻，优美动人，广为传诵。但部分诗歌过于隐晦迷离，难于索解，至有"诗家总爱西昆好，独恨无人作郑笺"之说。因处于牛李党争的夹缝之中，一生很不得志。死后葬于家乡沁阳（今河南焦作市沁阳与博爱县交界之处）。作品收录为《李义山诗集》。

就像李白和杜甫的友情深厚一样，小李杜的关系也很不错，两人之间，也有互赠诗文。李商隐写给杜牧的两首诗，《杜司勋》说："刻意伤春复伤别，人间唯有杜司勋"，《赠司勋杜十三员外》说："前身应是梁江总，名总还曾字总持"，极尽仰慕之情。然而，正像李白和杜甫的深情厚谊仍无法改变两人的差别一样，小李杜的差异也很大，他们的气质、出身和思想的差异使他们的诗走上两条完全不同的路子。杜牧身上那种贵族气质、世家遗风使他的诗充满了高朗明快的理性精神，而李商隐心中的那种浪漫情调与自卑心理使他的诗郁积了感情的缠绵情结。

考试链接

1. 首句写出了江南怎样的特征？

2. "水村山郭酒旗风"一句写出了江南怎样的地形和风貌？

3. 一、二句写的是"晴景"，三、四两句写的是"_____"。

4. "南朝四百八十寺，多少楼台烟雨中"一句给人以怎样的意境？

编注者：梁高英

【参考答案】

1. 有声有色 生机勃勃
2. 临水有村庄，依山有城郭，酒旗在春天的和风中轻轻地招展。
3. 雨景
4. 金碧辉煌、屋宇重重的佛寺，被迷蒙的烟雨笼罩着，若隐若现，似有似无，给江南的春天更增添了朦胧迷离的色彩。

［清］任薰 《闺中礼佛图》

嫦娥①

[唐] 李商隐

云母②屏风烛影深，

长河渐落晓星③沉。

嫦娥应悔偷灵药，

碧海青天④夜夜心。

注释

①嫦娥：神话中的月亮女神，传说是夏朝东夷首领后羿的妻子。

②云母：一种矿物，晶体透明有光泽，古代常用来装饰窗户、屏风等物。

③晓星：启明星，清晨时出现在东方。

④碧海青天：指嫦娥的枯燥生活，只能见到碧色的海，深蓝色的天。

古诗今读

半透明的云母石屏风后面，烛光那孤独的影子深且长；银河渐渐收敛了光芒，启明星也沉没在黎明的曙光里。

月宫的嫦娥恐怕后悔偷了后羿的长生不老药，唯有那青天碧海夜夜陪伴着她那一颗孤独的心。

赏析要点

绝句难写，但对李商隐这样的大家而言并不难。区区二十八个字通过对一个千古遗憾的神话典故的运用，就勾勒出一种高远清寂之境和永恒的寂寞感，传递出处境孤寂的主人公思忆深切、惆怅悲凉的情绪。

"云母屏风烛影深"一句，室内，烛光越来越黯淡，云母屏风上笼罩着一层深深的暗影，越发显出居室的空寂清冷，透露出主人公在长夜独坐中黯然的心境。

"长河渐落晓星沉"一句，"沉"字逼真地描绘出晨星低垂、欲落未落的动态，预示着一种衰落、低颓之感。尽管这里没有对主人公的心理做任何直接的抒写刻画，但借助于环境氛围的渲染，和作者所要表达的孤清凄冷情怀和不堪忍受寂寞包围的意绪形成"共振"。

"嫦娥应悔偷灵药"一句，诗人彻夜思忆，孤寂难耐，仰望天空看到明月，自然认为这孤居广寒宫殿、寂寞无伴的嫦娥，其处境和心情不正和自己相似吗？这是诗人把自己的情感外射到客观事物上去的结果。"应悔"作为揣度之词，表现出一种同病相怜、同心相应的感情。

"碧海青天夜夜心"一句，嫦娥面对碧海青天缥缈无助，而"夜夜心"三个字掷地有声，写出了"悔"的程度。联系到诗人所处的晚唐牛、李党争

旋涡，"虚负凌云万丈才""一生襟抱未曾开"。与其说是对嫦娥处境心情的深情体贴，不如说是诗人寂寞的心灵独白。

作家是社会中人，文学作品是社会生活的反映。读罢《嫦娥》，我们只觉得李商隐把一种无可捉摸的情绪表现得灵活可感，虽然表面看来作者借嫦娥传递了孤寂落寞的情感，但是如果把诗放到历史文化背景当中，无疑是深陷牛李党争而产生的不可挽回的痛——人生究竟在追求什么？我们追求的东西真的是自己想要的吗？嫦娥当年豪气风发，抛夫背义，偷吃灵药，飞升仙府后也并不快乐。于诗人自己而言，满怀孤寂向谁诉——日暮乡关，何处是归宿？

作者掠影

李商隐，晚唐著名诗人，字义山，号玉溪生、樊南生。

他的诗作广纳前人所长，承杜甫七律的沉郁顿挫，融齐梁诗的华丽浓艳，学李贺诗的诡异幻想，形成了他深情、缠绵、绮丽、精巧的风格。李诗还善于用典，喜用各种象征、比兴手法，使隐秘难言的意思得以表达。因此，其作品大都构思新奇，风

格浓丽。他不仅是晚唐诗坛一颗耀眼的明星，即使在中国整个诗歌史上也占有举足轻重的地位，将唐诗推向了又一次高峰。杜牧与他齐名，并称"小李杜"。

由于晚唐政治危机日益深重，李商隐一生处在政治斗争的夹缝之中，仕途上遭受排挤，辗转于各藩镇幕府中，终身不得志，所以他的很多诗歌都表现了他的郁闷情绪，只是隐晦迷离，难于索解，至有"诗家总爱西昆好，独恨无人作郑笺"之说。《新唐书》载有李商隐《樊南甲集》二十卷，《樊南乙集》二十卷，《玉溪生诗》三卷，《赋》一卷，《文》一卷，部分作品已佚。

延伸阅读

古诗词中的嫦娥意象

李商隐赋予嫦娥以孤独、寂寞、惆怅、凄楚的审美特征和一种超凡出尘之美。这既与嫦娥神话在唐代的流传和演变有关，也与当时社会生活的意识形态、价值取向有关。

追溯几千年来古诗词中涌现的嫦娥形象，人们发挥聪明才智不断的补充、完善、发展嫦娥形象，使其内涵的各个侧面都得到了淋漓尽致地展现，大致有以下几种。

其一，受到谴责的叛夫者。在三从四德为至高准绳的封建社会，不少文人以"无穷无尽的寂寞紧紧追随着她，作为严酷的惩罚"，如孟郊诗云："嫦娥盗药出人间，藏在月宫不放还。后羿遍寻无觅处，谁知天上竟容奸"。诗人概述了嫦娥窃药的罪行，指责天庭竟容纳这样一位作奸犯科的女人，笔触辛辣犀利。

其二，哀怜自艾的寄托者。不少诗作里，作者用"惆怅""断肠"这种极写人间失意落寞的词语，表现他们对嫦娥不幸遭遇的感同身受。如李白的《把酒问月》云："白兔捣药无穷已，嫦娥孤栖与谁邻"，传递了诗人对嫦娥孤栖月中无人做伴的寂寞的无限同情。无疑，该诗不是专以描写嫦娥形象而作，而是传递某种情感时匹配的意象。

其三，女权理想的化身者。随着女性自我意识的朦胧觉醒，嫦娥只身奔月，在月中过没有神权、夫权管辖的仙人生活自然深受诗人们的羡慕。如元代女诗人张玉娘词《水调歌头·次东坡韵》云："安得云环香臂，飞入瑶台银阙，兔鹤共清全。窃取长生药，人月满婵娟"。嫦娥于她们而言，不仅仅是仰望、羡慕，而是活在她们的生活中，流露出对嫦娥能够窃药奔月的向往之意。

考试链接

1. 首句中的"深"意思是＿＿＿＿＿＿＿＿＿＿＿＿＿＿＿，暗示＿＿＿＿＿＿＿＿＿。第二句中的"落""沉"都是＿＿＿＿＿＿＿＿的意思，表明嫦娥已经＿＿＿＿＿＿＿＿＿＿＿。

2. 这首诗前两句通过屋内屋外的环境描写，与后两句情感的抒发有着怎样的联系？

3. 同为诗作《嫦娥》，请分析李商隐与边贡的孤清凄凉在表现手法上有什么不同？

嫦　娥

[明] 边贡

月宫清冷桂团团，岁岁花开只自攀。
共在人间说天上，不知天上忆人间。

编注者：葛林高

【参考答案】

1. 蜡烛越烧越短，幽暗的光影愈来愈大　夜已很深　隐没　通宵不眠
2. 写景是抒情的载体，前两句写景，描写嫦娥在太空月宫中彻夜无眠的生存状态，并点明她处于这种状态的原因，为后面强化嫦娥的内心世界做铺垫，也增强了情绪的力度。
3. 李诗借烛光投影、晓星沉落的冷清之景渲染了嫦娥的孤寂凄冷；边诗以树的饱满和花开之景隐示团圆的美好难得，又与后面的"只自攀"形成鲜明对比，以此说明嫦娥的孤清凄凉。

［清］ 项穆之 《平山堂图卷》

题临安①邸②

[宋] 林升

山外青山楼外楼，

西湖③歌舞几时休④？

暖风熏⑤得游人醉，

直⑥把杭州作汴州⑦。

注释

①临安：现在浙江杭州市，金人攻陷北宋首都汴京
后，南宋统治者逃亡到南方，建都于临安。

②邸（dǐ）：旅店。

③西湖：杭州的著名风景区。

④几时休：什么时候休止。

⑤熏（xūn）：吹，用于温暖馥郁的风。

⑥直：简直。

⑦汴州：即汴京，今河南开封市。

古诗今读

　　青山无尽楼阁连绵望不见头，西湖上的歌舞几时才能停休？

　　暖洋洋的香风吹得贵人如醉，简直是把杭州当成了那汴州。

赏析要点

　　这是一首写在临安城一家旅店墙壁上的诗。

　　1126 年，金人攻陷北宋首都汴梁，俘虏了徽宗、钦宗两个皇帝，中原国土全被金人侵占。赵构逃到江南，在临安即位，史称南宋。南宋小朝廷并没有接受北宋亡国的惨痛教训而发愤图强，当政者不思收复中原失地，只求苟且偏安，对外屈膝投降，对内残酷迫害岳飞等爱国人士；政治上腐败无能，达官显贵一味纵情声色，寻欢作乐。这首诗就是针对这种黑暗现实而作的，它倾诉了郁结在广大人民心头的义愤，也表达了诗人对国家民族命运的深切忧虑。

诗的头两句"山外青山楼外楼，西湖歌舞几时休？"抓住临安城的特征：重重叠叠的青山，鳞次栉比的楼台和无休止的轻歌曼舞，写出当年虚假的繁荣太平景象。诗人触景伤情，不禁长叹："西湖歌舞几时休？"西子湖畔这些消磨人们抗金斗志的淫靡歌舞，什么时候才能罢休？

后两句"暖风熏得游人醉，直把杭州作汴州"，是诗人进一步抒发自己的感慨。"暖风"一语双关，既指自然界的春风，又指社会上淫靡之风。正是这股"暖风"把人们的头脑吹得如醉如迷，像喝醉了酒似的。"游人"不能理解为一般游客，它是特指那些忘了国难，苟且偷安，寻欢作乐的南宋统治阶级。诗中"熏""醉"两字用得精妙无比，把那些纵情声色、祸国殃民的达官显贵的精神状态刻画得

惟妙惟肖，跃然纸上。结尾"直把杭州作汴州"，是直斥南宋当局忘了国恨家仇，把临时苟安的杭州简直当作了故都汴州。辛辣的讽刺中蕴含着极大的愤怒和无穷的隐忧。

这首诗构思巧妙，措辞精当：冷言冷语的讽刺，偏从热闹的场面写起；愤慨已极，却不作谩骂之语。确实是讽喻诗中的杰作。

作者掠影

林升，南宋诗人，字云友，又字梦屏，温州横阳亲仁乡荪湖里林坳（今属苍南县繁枝林坳）人，（《水心集》卷一二有《与平阳林升卿谋葬父序》）。大约生活在南宋孝宗朝（1106～1170），事见《东瓯诗存》卷四。《西湖游览志余》录其诗一首。

延伸阅读

创作背景

这首《题临安邸》七绝系南宋淳熙时士人林升所作，此为写在南宋皇都临安的一家旅舍墙壁上，是一首古代的"墙头诗"，疑原无题，此题为后人

所加。

用对辽、西夏、金的屈辱退让换取苟安，是赵宋王朝自开国起即已推行的基本国策。其结果是中原被占，两朝皇帝做了俘虏。然而，此一教训并未使南宋最高统治集团略为清醒；他们不思恢复，继续谋求"王业之偏安"。宋高宗南渡后，偏安东南一隅。绍兴二年（1132），宋高宗第二次回到杭州，这水光山色冠绝东南的"人间天堂"被他看中了，有终焉之志，于是上自帝王将相、下至士子商人，在以屈辱换得苟安之下，大修楼堂馆所。建明堂，修太庙，宫殿楼观一时兴起，达官显宦、富商大贾也相继经营宅第，壮大这"帝王之居"。并大肆歌舞享乐，沉沦于奢侈糜烂的腐朽生活中，致西湖有"销金锅"之称号。几十年中，把临时苟安的杭州当作北宋的汴州（今河南开封），成了这班寄生虫们的安乐窝。一些爱国志士对此义愤填膺，纷纷指责统治者醉生梦死，不顾国计民生。

考试链接

1. "山外青山楼外楼，西湖歌舞几时休"，抓住了临安城的特点：_____的青山，_____的楼台和无休止的轻歌曼舞，写出当年虚假的繁荣太平景象。（各填一个四字词语）

2. 用"_____"三个字，责问统治者：骄奢淫逸的生活何时才能停止？言外之意是：抗金复国的事业几时能开始？

3. "暖风""游人"在诗中有怎样的含义？

编注者：卢　烨

【参考答案】

1. 重重叠叠　鳞次栉比

2. 几时休

3. "暖风"既指自然界的春风，又指社会上淫靡之风。"游人"既指一般游客，更是指那些忘了国难、苟且偷安、寻欢作乐的南宋统治阶级。

［明］　唐寅　《行春桥图页》

望天门山①

[唐] 李白

天门中断②楚江③开④，

碧水东流至此⑤回⑥。

两岸青山⑦相对出⑧，

孤帆一片日边来⑨。

注释

①天门山：位于安徽省和县与芜湖市长江两岸，在
江北的叫西梁山，在江南的叫东梁山（古代又称
博望山）。两山隔江对峙，形同天设的门户，天
门由此得名。

②中断：江水从中间隔断两山。

③楚江：即长江。因为古代长江中游地带属楚国，
所以叫楚江。

④开：劈开，断开。

⑤至此：意为东流的江水在这转向北流。

⑥回：回漩，回转。指这一段江水由于地势险峻方
向有所改变，并更加汹涌。

⑦两岸青山：分别指东梁山和西梁山。

⑧出：突出，出现。

⑨日边来：指孤舟从天水相接处的远方驶来，远远
望去，仿佛来自日边。

古诗今读

长江犹如巨斧劈开天门雄峰，碧绿江水东流到
此回旋澎湃。

两岸青山对峙美景难分高下，遇见一叶孤舟悠
悠来自天边。

"天门中断楚江开，碧水东流至此回。"这两句写诗人远眺天门山夹江对峙，江水穿过天门山，水势湍急、激荡回旋的壮丽景象。第一句紧扣题目，总写天门山，着重写出浩荡东流的楚江冲破天门山奔腾而去的壮阔气势。它给人以丰富的联想：天门两山本来是一个整体，阻挡着汹涌的江流。由于楚江怒涛的冲击，才撞开了"天门"，使它中断而成为东西两山。

第二句写天门山下的江水，又反过来着重写夹江对峙的天门山对汹涌奔腾的楚江的约束力和反作用。由于两山夹峙，浩阔的长江流经两山间的狭窄通道时，激起回旋，形成波涛汹涌的奇观。如果说上一句是借山势写出水的汹涌，那么这一句则是借水势衬出山的奇险。

"两岸青山相对出，孤帆一片日边来。"这两句是一个不可分割的整体。第三句承前第一句写望中所见天门两山的雄姿；第四句承前第二句写长江江面的远景，点醒"望"的立脚点和表现诗人的淋漓兴会。诗人并不是站在岸上的某一个地方遥望天门山，他"望"的立脚点便是从"日边来"的"一片孤帆"。读这首诗的人大都赞赏"两岸青山相对出"的"出"字，因为它使本来静止不动的山带上了动态美，但却很少去考虑诗人何以有"相对出"的感受。如果是站在岸上某个固定的立脚点"望天门山"，那大概只会产生"两岸青山相对立"的静态感。反之，舟行江上，顺流而下，望着远处的天门两山扑进眼帘，显现出愈来愈清晰的身姿时，"两岸青山相对出"的感受就非常突出了。"出"字不但逼真地表现了在舟行过程中"望天门山"时天门山特有的姿态，而且寓含了舟中人的新鲜喜悦之感。夹江对峙的天门山，似乎正迎面向自己走来，表示它对江上来客的欢迎。青山既然对远客如此有情，则远客自当更加兴会淋漓。"孤帆一片日边来"，正传神地描绘出孤帆乘风破浪，越来越靠近天门山的情景，和诗人欣睹名山胜景、目接神驰的情状。由于末句在叙事中饱含诗人的激情，这首诗便在描绘出天门山雄伟景色的同时突出了诗人豪迈、奔放、自由洒脱、无拘无束的自我形象。

这首诗意境开阔，气魄豪迈，音节和谐流畅，语言形象、生动，画面色彩鲜明。虽然只有短短的四句二十八个字，但它所描绘的意境优美、壮阔，人们读了诗恍若置身其中。诗人将读者的视野沿着烟波浩渺的长江，引向无限宽广的天地里，使人顿时觉得心胸开阔、眼界扩大。从诗中可以看到诗人李白的豪放不羁的精神和不愿意把自己局限在小天地里的广阔胸怀。

作者掠影

李白（701～762），唐代伟大诗人，字太白，号青莲居士。祖籍陇西成纪（今甘肃天水附近），先世于隋末流徙西域，李白即生于中亚碎叶。（今巴尔喀什湖南面的楚河流域，唐时属安西都户府管辖）。幼时随父迁居绵州昌隆（今四川江油）青莲乡。

李白的诗以抒情为主。屈原而后，他第一个真正能够广泛地从当时的民间文艺和秦、汉、魏以来的乐府民歌吸取其丰富营养，集中提高而形成他的独特风貌。他具有超异寻常的艺术天才和磅礴雄伟的艺术力量。一切可惊可喜、令人兴奋、发人深思的现象，无不尽归笔底。杜甫有"笔落惊风雨，诗成泣鬼神"之评，是屈原之后我国最为杰出的浪漫主义诗人，有"诗仙"之称。

延伸阅读

天门山及主要景点

天门山是张家界永定区海拔最高的山，距城区仅 8 公里，因自然奇观天门洞而得名。天门山古称嵩梁山，又名云梦山、方壶山，是张家界最早载入史册的名山，主峰 1518.6 米，1992 年 7 月被批准为国家森林公园。

天门洞，高 131.5 米，宽 50 余米，南北对开于千寻素壁之上，气势磅礴，巍峨高绝，是罕见的高海拔穿山溶洞，更是尽显造化神奇的冠世奇观。

2005 年 5 月，天门山盘山公路竣工通车。被称为通天大道的盘山公路共计 99 弯，似玉带环绕，弯弯紧连，层层叠起，依山籍壁，直冲云霄，"天下第一公路奇观"横空出世。9 月，世界最长的高山索道——天门山观光索道竣工运行。索道全长 7455 米，高差 1279 米，由市区直达山顶，犹如一道彩虹飞渡"人间天上"，又似一条巨龙腾翔素云苍穹。两项工程恢宏壮观、奇绝震撼，天门山又添冠世奇景。

天门山索道长 7455 米，以张家界市中心的城市花园为起点，直达天门山顶的原始空中花园，犹如一道彩虹飞渡"人间""天上"，又像一条巨龙腾翔素云苍穹，依山籍壁，拔地冲天，荡气回肠，恢宏壮观，成为天门山旅游风景区"四大奇观"之一，为张家界这一世界级风景名胜区又添绝世奇景。

鬼谷栈道，位于觅仙奇境景区，因悬于鬼谷洞上侧的峭壁沿线而得名。栈道全长 1600 米，平均海拔为 1400 米，起点是倚虹关，终点到小天门。与其他栈道不同的是，鬼谷栈道全线既不在悬崖之巅，也不在悬崖之侧，而是全线都立于万丈悬崖的中间，给人以与悬崖共起伏同屈伸的感觉。

玻璃栈道是 2011 年 9 月份完工的一个贴山悬空玻璃过道。位于天门山鬼谷栈道起始位置 500 米处，这里是一个岔路口，对于喜欢刺激点的，可以选择这样走过，反之可以绕旁边的石道而过。它采用坚硬的钢化玻璃，周围有金属栏杆，脚下就是透明的玻璃，与峡谷底部的相对高度是近 400 米。

考试链接

1. 诗人用_____、_____两字写出了江水的浩大声势，用_____、_____两字写出了江流回旋激荡之态。

2. 请借助诗中表示色彩的词语加以想象，用简明的语言描绘出诗中的图景。

编注者：李玉峰

【参考答案】

1. 断 开 流 回

2. 答题时不能把该字孤立起来谈，须放在句中，并结合全诗的意境、情感及表现手法等来分析。须扣住"青"、"绿"、"日"、"帆"四字，描绘出佳木葱茏，澄江如练，红日、白帆相映成辉的图景。

［清］　高其佩　《松鹿图立幅》

鹿鸣（节选）

《诗经》

呦呦①鹿鸣，食野之芩②。

我有嘉宾，鼓瑟鼓琴。

鼓瑟鼓琴，和乐且湛③。

我有旨④酒，以燕⑤乐嘉宾之心。

注释

①呦（yōu）呦：鹿的叫声。

②芩（qín）：草名，蒿类植物。

③湛（dān）：深厚。《毛传》："湛，乐之久。

④旨：甘美。

⑤燕：同"宴"。

古诗今读

　　一群鹿儿呦呦叫，在那原野吃芩草。我有一批好宾客，弹瑟弹琴奏乐调。弹瑟弹琴奏乐调，快活尽兴同欢笑。我有美酒香而醇，宴请嘉宾心中乐陶陶。

赏析要点

　　《小雅·鹿鸣》描写宴会以美酒、音乐款待宾客，表现了待客的热情和礼仪。是古人在宴会上所唱的歌。朱熹《诗集传》云："此燕（宴）飨宾客之诗也。"又云"岂本为燕（宴）群臣嘉宾而作，其后乃推而用之乡人也与？"也就是说此诗原是君王宴请群臣时所唱，后来逐渐推广到民间，在乡人的宴会上也可唱。

诗共三章，每章八句，本部分节选了第三章。

"呦呦鹿鸣，食野之芩。"开头皆以鹿鸣起兴。在空旷的原野上，一群麋鹿悠闲地吃着野草，不时发出呦呦的鸣声，此起彼应，十分和谐悦耳。诗以此起兴，便营造了一个热烈而又和谐的氛围，如果是君臣之间的宴会，那种本已存在的拘谨和紧张的关系，马上就会宽松下来。故《诗集传》云："盖君臣之分，以严为主；朝廷之礼，以敬为主。然一于严敬，则情或不通，而无以尽其忠告之益，故先王因其饮食聚会，而制为燕飨之礼，以通上下之情；而其乐歌，又以鹿鸣起兴。"也就是说君臣之间限于一定的礼数，等级森严，形成思想上的隔阂。通过宴会，可以沟通感情，使君王能够听到群臣的心里话。而以鹿鸣起兴，则一开始便奠定了和谐愉悦的基调，给与会嘉宾以强烈的感染。

"我有嘉宾，鼓瑟鼓琴。"此诗自始至终洋溢着欢快的气氛，它把读者从"呦呦鹿鸣"的意境带进"鼓瑟吹笙"的音乐伴奏声中。《诗集传》云："瑟笙，燕礼所用之乐也。"按照当时的礼仪，整个宴会上必须奏乐。

"鼓瑟鼓琴，和乐且湛。"《礼记·乡饮酒义》云："工入升歌三终，主人献之。笙入三终，主人献之。间歌三终，合乐三终，工告乐备，遂出。……知其能和乐而不流也。"据陈澔注，乐工升堂，"歌《鹿鸣》《四牡》《皇皇者华》，每一篇而一终。三篇终，则主人酬以献工焉。"由此可知，整个宴会上是歌唱以上三首诗，而歌唱《鹿鸣》时又以笙乐相配，故诗云"鼓瑟吹笙"。乐谱虽早已失传，但从诗的语言看，此诗三章全是欢快的节奏，和悦的旋律，也许因为这是一首宴飨之乐，不容许杂以一点哀音吧。《小雅》音乐的风格，古人的评价是"思而不贰，怨言不言"，反映了"周德之衰"，但还有"遗民之风"的特征。

"我有旨酒，以燕乐嘉宾之心。"诗之首章写热烈欢快的音乐声中有人"承筐是将"，献上竹筐所盛的礼物。酒宴上献礼馈赠的古风，即使到了今天，在大宾馆的宴会上仍可见到。诗之二章"嘉宾式燕以敖"则由主人（主要是君王）进一步表示祝词。祝酒之际要说出这样的话的原因，分明是君主要求臣下做一个清正廉明的好官，以矫正偷薄的民风。如此看来，这样的宴会不徒为乐而已，它也带有一定的政治色彩。三章大部与首前两章重复，唯最后几句将欢乐气氛推向高潮。末句"燕乐嘉宾之心"，则是卒章见志，将诗之主题深化。也就是说这次宴会，"非止养其体、娱其外而已"，它不是一般的吃吃喝喝，满足口腹的需要，而是为了"安乐其心"，使得参与宴会的群臣心悦诚服，自觉地为君王的统治服务。

通过《鹿鸣》这首诗的简单分析，读者对周代宴飨之礼——包括宾主关系、宴乐概况，可以有一个大概的了解。

诗歌出处

《小雅·鹿鸣》是《诗经》的"四始"诗之一，是古人在宴会上所唱的歌。《诗经》是我国第一部诗歌总集，共收集了自西周初年至春秋中叶五百多年的诗歌 311 篇诗歌（又称诗三百），现存 305 篇（既有标题又有文辞的）。先秦称为《诗》《诗三百》。西汉时被尊为儒家经典，始称《诗经》，并沿用至今。按用途和音乐分"风、雅、颂"三部分，其中的风是指各地方的民间歌谣，其中的"雅"大部分是贵族的宫廷正乐，分大雅、小雅。其中的"颂"是周天子和诸侯用以祭祀宗庙的舞曲歌辞。主要表现手法是"赋、比、兴"。其中直陈其事叫"赋"；比喻叫"比"；先言它物以引起所咏之物叫"兴"。

"赋、比、兴"与"风、雅、颂"合称"六义"。

延伸阅读

短歌行

曹 操

对酒当歌，人生几何！譬如朝露，去日苦多。
慨当以慷，忧思难忘。何以解忧？唯有杜康。
青青子衿，悠悠我心。但为君故，沉吟至今。
呦呦鹿鸣，食野之苹。我有嘉宾，鼓瑟吹笙。
明明如月，何时可掇？忧从中来，不可断绝。
越陌度阡，枉用相存。契阔谈䜩，心念旧恩。
月明星稀，乌鹊南飞。绕树三匝，何枝可依？
山不厌高，海不厌深。周公吐哺，天下归心。

这是曹操引用"呦呦鹿鸣"创造的经典之作《短歌行》（"对酒当歌"），主题非常明确，就是作者希望有大量人才来为自己所用。曹操在其政治活动中，为了扩大他在庶族地主中的统治基础，打击反动的世袭豪强势力，曾大力强调"唯才是举"，为此而先后发布了"求贤令""举士令""求逸才令"等；而《短歌行》实际上就是一曲"求贤歌"。又正因为运用了诗歌的形式，含有丰富的抒情成分，所以就能起到独特的感染作用，有力地宣传了他所坚持的主张，配合了他所颁发的政令。

考试链接

1.《诗经·小雅》的第一篇，所谓"四始"之一的诗是（　　）

A.《小雅·北山》　　B.《小雅·鹿鸣》

C.《小雅·鹤鸣》　　D.《小雅·采薇》

2. 我国有位著名的科学家，获得诺贝尔生理学或医学奖，她的名字就是从"呦呦鹿鸣，食野之芩。我有嘉宾，鼓瑟鼓琴"中来的，她是（　　）

A. 林巧稚　　　　B. 叶恭绍

C. 杨崇瑞　　　　D. 屠呦呦

编注者：李麒霄

【参考答案】

1. B

2. D

声韵训练

《声律启蒙》的八庚：

深对浅，重对轻，有影对无声。蜂腰对蝶翅，宿醉对余醒。

虚对实，送对迎，后甲对先庚。鼓琴对舍瑟，搏虎对骑鲸。

渔对猎，钓对耕，玉振对金声。雉城对雁塞，柳衮对葵倾。

《笠翁对韵》的八庚：

形对貌，色对声。夏邑对周京。江云对涧树，玉磬对银筝。

功对业，性对情。月上对云行。乘龙对附骥，阆苑对蓬瀛。

昏对旦，晦对明。久雨对新晴。蓼湾对花港，竹友对梅兄。

[宋] 佚名 《柳院消暑图》

六月二十七日望湖楼①醉书②

[宋] 苏轼

黑云翻墨③未遮④山，

白雨⑤跳珠⑥乱入船。

卷地风来⑦忽吹散，

望湖楼下水如天⑧。

注释

①望湖楼：古建筑名，又叫看经楼。位于杭州西湖畔，五代时吴越王钱弘俶所建。

②醉书：饮酒醉时写下的作品。

③翻墨：打翻的黑墨水，形容云层很黑。

④遮：遮盖，遮挡。

⑤白雨：指夏日阵雨的特殊景观，因雨点大而猛，在湖光山色的衬托下，显得白而透明。

⑥跳珠：跳动的珍珠，形容雨大势急。

⑦卷地风来：指狂风席地卷来。

⑧水如天：形容湖面像天空一般开阔而且平静。

古诗今读

乌云上涌，就如墨汁泼下，却又在天边露出一段山峦，明丽清新，大雨激起的水花如白珠碎石，飞溅入船。

忽然间狂风卷地而来，吹散了满天的乌云，而那西湖的湖水碧波如镜，明媚温柔。

赏析要点

本诗描绘了望湖楼的美丽雨景。本诗的灵感可谓突现于一个"醉"字上。醉于酒，更醉于山水之美，进而激情澎湃，才赋成即景佳作。才思敏捷的诗人用诗句捕捉到西湖这一番别具风味的"即兴表演"，绘成一幅"西湖骤雨图"。乌云骤聚，大雨突降，顷刻又雨过天晴，水天一色。又是山，又是水，又是船，这就突出了泛舟西湖的特点。其次，作者用"黑云翻墨""白雨跳珠"形成强烈的色彩对比，给人以很强的质感。再次，用"翻墨"写云的来势，用"跳珠"描绘雨点飞溅的情态，以动词前移的句式使比喻运用得灵活生动却不露痕迹。而"卷地风来忽吹散，望湖楼下水如天"两句又把天气由骤雨到晴朗前转变之快描绘得令人神清气爽，眼前陡然一亮，境界大开。

作者掠影

苏轼（1037~1101），北宋文学家、书画家、美食家。字子瞻，号东坡居士。四川人，葬于颖昌（今河南省平顶山市郏县）。一生仕途坎坷，学识渊博，天资极高，诗文书画皆精。其文汪洋恣肆，明白畅达，与欧阳修并称欧苏，为"唐宋八大家"之一；诗清新豪健，善用夸张、比喻，艺术表现独具风格，与黄庭坚并称苏黄；词开豪放一派，对后世有巨大影响，与辛弃疾并称苏辛；书法擅长行书、楷书，能自创新意，用笔丰腴跌宕，有天真烂漫之趣，与黄庭坚、米芾、蔡襄并称宋四家；画学文同，论画主张神似，提倡"士人画"。著有《苏东坡全集》和《东坡乐府》等。

延伸阅读

"不合时宜"的苏轼

明人曹臣所编《舌华录》载，苏轼一日饭后散步，拍着肚皮，问左右侍婢："你们说说看，此中所装何物？"一婢女应声道："都是文章。"苏轼不以为然。另一婢女答道："满腹智慧。"苏轼也以为不够恰当。爱妾朝云回答说："学士一肚皮不合时宜。"苏轼捧腹大笑。

苏轼对朝云的回答，大笑认可，是因为他的确"不合时宜"。他先是上书批评王安石推行新法引起的种种弊端，建议神宗赵顼不要"求治太急，听言太广，进人太锐"；又在开封府进士考试时，出试题影射王安石怂恿神宗赵顼独断专任，败坏国事，结果触怒王安石，被诬告借父亲去世，扶丧归川时贩运私盐，接连遭到"变法派"的打击排挤，于熙宁四年（1071）自请离京，出任杭州通判（副州长）。以后十多年里，苏轼辗转于杭州、密州、徐州、湖州、黄州等地任职，且不断受人诬告陷害，以致在湖州任上被捕入狱，险些被杀。

直到 1085 年，神宗赵顼死后，才得以回京任职。苏轼外任十多年，吃尽了"变法派"的苦头。但是，当司马光决定废除新法时，他又唱起反调，说"法相因则事易成，事有渐则民不惊"，新法与旧法各有利弊，且推行多年，即使要废除新法，也需循序渐进，不可骤然废之。司马光拒不采纳他的建议，苏轼又在政事堂议政时陈述自己的看法。苏轼的不合作态度，令司马光非常气愤。当时的御史、谏官多为司马光推荐，尽管司马光并未授意，他们也知道应该怎么干，于是苏轼又开始不断遭到"保守派"的攻击陷害，两年后不得不再次离开政治斗争的旋涡，出任杭州知州（州长）。

此后四年，苏轼曾两次被召回中央任职，但打击迫害如影随形，元丰八年（1093），任礼部尚书（礼仪祭祀部长）的苏轼再次请求外任，出知定州。但外任又岂能躲过祸灾？这一年，哲宗赵煦亲政，起用"变法派"，黜退"保守派"，重新掌权的"变法派"对"保守派"大举报复，苏轼又被当作"保守派"遭到攻击诬陷，被一贬再贬，一直贬到岭南

的儋州（今海南省儋县西北），直到哲宗死后，徽宗赵佶即位大赦，才得以"内移"，建中靖国元年（1101）七月，于北归途中病死于常州，终年 65 岁。苏轼死后也不得安宁，他去世第二年，巨奸蔡京任宰相，将司马光、文彦博等"保守派"120 余人定为奸党，刻碑立于各郡县，名曰"元祐奸党碑"，苏轼也名列其中，他的文集，也被蔡京下令禁毁。

苏轼的命运，也是中国历代忧国忧民，特立独行的知识分子的命运。他们的悲惨命运，是专制制度禁绝不同声音或反对意见的具体体现。而他们的命运，也对当代与后世的知识分子起到警示和震慑作用，使得大多数臣民畏于帝王、权臣与官吏的淫威，变成了苟且偷安、听天由命的顺民，或是见风使舵、毫无节操的识时务的"俊杰"。

考试链接

1. 请简要描绘诗中所呈现的"西湖骤雨图"。

2. 这首诗在描写夏雨方面很有特色，请简要分析其艺术手法。

编注者：郗　莉

【参考答案】

1. 乌云骤聚，大雨突降，顷刻间又雨过天晴，水天一色。

2. ①对比。作者用"黑云翻墨""白雨跳珠"形成强烈的色彩对比，给人以很强的视觉感，突出了骤雨突至的情景。②比喻。用"打翻的墨汁"来比喻来势之猛的乌云，用"跳跃的珍珠"来比喻乱纷纷飞溅的雨点，"水如天"又写出雨过天晴、风平浪静的开阔之境。

声韵训练

《声律启蒙》的九青：

红对紫，白对青，渔火对禅灯。唐诗对汉史，释典对仙经。

行对坐，醉对醒，佩紫对纡青。棋枰对笔架，雨雪对雷霆。

书对史，传对经，鹦鹉对鹡鸰。黄茅对白荻，绿草对青萍。

《笠翁对韵》的九青：

庚对甲，乙对丁。魏阙对彤庭。梅妻对鹤子，珠箔对银屏。

危对乱，泰对宁。纳陛对趋庭。金盘对玉箸，泛梗对浮萍。

［北宋］ 佚名 《竹虫图》

宿新市徐公店

[宋] 杨万里

篱①落疏疏②一径③深④，
树头花落未⑤成阴⑥。
儿童急走⑦追黄蝶，
飞入菜花无处寻。

注释

①篱：篱笆。
②疏疏：稀疏。
③径：小路。
④深：深远
⑤未：没有。
⑥阴：树叶茂盛浓密而形成的树阴。
⑦急走：奔跑着。

古诗今读

篱笆稀稀落落，一条小路通向远方，路边树上的花瓣纷纷飘落，却还尚未形成树阴。

小孩子飞快地奔跑着追赶黄色的蝴蝶，可是蝴蝶突然飞入菜花丛中，就再也找不到了。

赏析要点

这首诗主要描写了暮春农村的景色和儿童兴致勃勃捕捉蝴蝶的情景，诗人把景物与人物融为一体描绘，别有情趣。

第一句是纯景物的静态描写。篱笆和小路，点明这是农村，"篱落"是有宽度的，用"疏疏"指出它的状态，显见其中有间隔，才能看见篱笆外面的山道。"一径深"，表明山道只有一条，并且很长很长，延伸向远方。宽广的篱落与窄小的一径相对照，稀稀疏疏与绵绵长长相对照，互相映衬，突出了农村清新与宁静。

第二句也是纯景物的静态描写。路旁，树枝上的桃花、李花已经落了，但树叶还没有长得茂密结成浓阴，展示出农村自然、朴素的风貌。

第三句是人物动态描写。"急走"与"追"相结合，表示了快速奔跑追逐的意思，十分形象贴切地把儿童的好奇好胜、天真活泼的神态和心理刻画出来，惟妙惟肖。

第四句，菜花是黄的，又是繁茂的一片，一只小小的蝴蝶，飞入这黄色的海洋里，自然是无处寻了。读者可以想象，这时儿童们东张西望，四处搜寻的焦急状态，以及搜寻不着的失望情绪等等，更表现出儿童们的童真和稚气。

本诗通过对春末夏初季节交替时景色的描写，体现了万物勃发的生命力。全诗所摄取的景物极为平淡，所描绘人物的活动也极为平常，但由于采取景物与人物相结合，动静相间的写作手法，成功地刻画出农村恬淡自然，宁静清新的早春风光。

杨万里写作这篇小诗时已经 66 岁，眼中有景，心中有情。诗人眼里的孩子，孩子眼里的菜花，菜花里的蝴蝶，隔了千载，在春风吹过的日子里，依然鲜活。

作者掠影

杨万里（1127～1206），南宋大臣，著名文学家、爱国诗人，字廷秀，号诚斋。汉族江右民系，吉州吉水（今江西省吉水县黄桥镇湴塘村）人。与陆游、尤袤、范成大并称"南宋四大家"（又名"中兴四大诗人"）。因宋光宗曾为其亲书"诚斋"二字，故学者称其为"诚斋先生"。

杨万里一生作诗两万多首，传世作品有四千二百首，被誉为一代诗宗。他创造了语言浅近明白、清新自然，富有幽默情趣的"诚斋体"。著有《诚斋集》等。

一字之师

南宋著名诗人杨万里，与尤袤、范成大、陆游齐名，人称"南宋四大家"。其诗构思新巧，不喜堆砌典故，语言平易自然，自成风格，后世称之为"杨诚斋体"，有《诚斋集》等传世。相传有一天，杨万里正在书馆中与客人闲聊，谈到两晋人文轶事时，就说有个文学家兼史学家叫于宝的志怪笔记《搜神记》怎样又如何，客人不便直说，旁边有个小吏不禁插话说："应是干宝，不是于宝！"杨万里感到奇怪，便问他："你怎么知道叫干宝呢？"小吏找来了韵书，递给杨万里看。果然在韵书里"干"字下面清清楚楚地注明："晋有干宝。"杨万里一见大喜，非常感激地对这个小吏说："你真是我的一字之师呀！"

1. 这是一首描写暮春农村景色的诗歌，它描绘了一幅春意盎然的儿童_____图。其中"____"和最后一句中的"_____"都说明了暮春季节。我知道_____、_____这两首诗也是写春天的诗歌。

2. "_____""_____"这两个动词十分形象贴切，把儿童天真活泼、好奇好胜的神态和心理刻画得惟妙惟肖。

3. 这首是运用了_____手法，平易自然，形象鲜明。

4. 从"_____"三个字，我们仿佛看到了一个面对一片金黄菜花搔首踟蹰、欲寻不得、欲走不忍的儿童。

编注者：王晓黎

【参考答案】

1. 扑蝶　花落未成阴　菜花　《春晓》《咏柳》
2. 急走　追
3. 白描
4. 无处寻

《十三女弟子湖楼请业图》（局部）

饮湖上初晴后雨

[宋] 苏轼

水光潋滟①晴方好②，

山色空蒙③雨亦④奇⑤。

欲把西湖比西子⑥，

淡妆浓抹⑦总相宜⑧。

注释

①潋滟（liàn yàn）：波光闪动的样子。

②方好：正好。

③空蒙：云雾迷茫的样子。

④亦：也。

⑤奇：奇妙。

⑥西子：即西施，春秋时代越国有名的美女，原名施夷光，居古代四大美女（西施、王昭君、貂蝉、杨玉环）之首。家住浣纱溪村（在今浙江诸暨市）西，所以称为西施。

⑦淡妆浓抹：指淡雅和浓艳两种不同的装饰。

⑧相宜：适宜。

古诗今读

在晴日的阳光照射下，西湖水波荡漾，闪烁着粼粼的金光，风景秀丽；在阴雨的天气里，山峦在细雨中迷蒙一片，别有一番奇特的美。

如果要把西湖比作美女西施，那么淡妆浓抹都是那么合适，美丽多娇。

赏析要点

从诗题可知，诗人在西湖饮酒游赏，开始时阳光明丽，后来下起了雨。两种不同的景致，让他都很欣赏。他说：天晴之时，西湖碧水荡漾，波光粼粼，风景正好；下雨时，西湖周围的青山，迷蒙苍茫，若有若无，又显出另一番奇妙景致。"潋滟"，波光闪动。"空蒙"，烟雨迷茫。这两个词都是叠韵词，增强了诗歌语言的音乐性。

"水光潋滟晴方好，山色空蒙雨亦奇。"这里，诗人既写了湖光，又写了山色；既有晴和之景，又有雨天之韵。"欲把西湖比西子，淡妆浓抹总相宜"。"西子"即西施，春秋时越国有名的美女。无论是淡雅妆饰，还是盛装打扮，西施都一样美丽动人；如果把西湖比做西施的话，那么不管是晴是雨，是冬是春，它都同样美不胜收。以绝色美人喻西湖，不仅赋予西湖之美以生命，而且新奇别致，情味隽永。这首诗通过描写西湖在不同气候下呈现的不同风姿，表达了作者对西湖的喜爱之情。

作者掠影

苏轼（1037～1101），宋代重要的文学家，宋代文学最高成就的代表。字子瞻，又字和仲，号东坡居士，北宋眉州眉山（今属四川省眉山市）人。嘉祐（宋仁宗年号，1056～1063）进士。其诗题材广阔，清新豪健，善用夸张比喻，独具风格，与黄庭坚并称"苏黄"。词开豪放一派，与辛弃疾同是豪放派代表，并称"苏辛"。又工书画。"唐宋八大家"之一。与父苏洵，弟苏辙，合称"三苏"。主要作品有《念奴娇·赤壁怀古》《水调歌头·丙辰中秋》。诗文有《东坡七集》等。

延伸阅读

西湖简介

西湖，位于浙江省杭州市西面，是中国大陆首批国家重点风景名胜区和中国十大风景名胜之一。它是中国大陆主要的观赏性淡水湖泊之一，也是现今《世界遗产名录》中少数几个和中国唯一一个湖泊类文化遗产。

西湖三面环山，面积约 6.39 平方千米，东西宽约 2.8 千米，南北长约 3.2 千米，绕湖一周近 15 千米。湖中被孤山、白堤、苏堤、杨公堤分隔，按面积大小分别为外西湖、西里湖、北里湖、小南湖及岳湖等五片水面，苏堤、白堤越过湖面，小瀛洲、湖心亭、阮公墩三个小岛鼎立于外西湖湖心，夕照山的雷峰塔与宝石山的保俶塔隔湖相映，由此形成了"一山、二塔、三岛、三堤、五湖"的基本格局。

考试链接

1.《饮湖上初晴后雨》诗题中的"饮"的意思是_____，"湖上"指的是_____，从_____（词语中）体会到当时的天气变化。

2.《饮湖上初晴后雨》的作者是_____朝_____，这首诗中描写雨中的西湖以及周围的群山迷迷茫茫、若有若无、非常奇妙的诗句是：_____。

3.《饮湖上初晴后雨》的中的"西子"指的是_____，后两句诗运用了_____的手法，把_____比作_____，表达了作者_____之情。

编注者：靳红亮

【参考答案】
1. 饮酒游赏　泛舟西湖上　初晴后雨
2. 宋　苏轼　山色空蒙雨亦奇
3. 西施　比喻　西湖　美女西施　对西湖美景的喜爱

［清］ 石涛 《狂壑晴岚》

书①湖阴先生②壁

[宋] 王安石

茅檐③长扫净无苔④，

花木成畦⑤手自栽。

一水护田⑥将绿绕，

两山排闼⑦送青来。

注释

①书：书写，题诗。

②湖阴先生：本名杨德逢，隐居之士，是王安石晚年居住金陵（今江苏南京）紫金山时的邻居。

③茅檐：茅屋檐下，这里指庭院。

④无苔：没有青苔。

⑤成畦（qí）：成垄成行。畦，经过修整的一块块田地。

⑥护田：这里指护卫环绕着园田。

⑦排闼（tà）：开门。语出《汉书·樊哙传》："高帝尝病，恶见人，卧禁中，诏户者无得入群臣。……哙乃排闼直入。"闼，小门。

古诗今读

草房与庭院经常打扫，洁净得没有一点青苔，花草树木排列整齐，都是主人亲手栽种。庭院外一条小河环绕田地流淌着，守护着农田，打开门就能看到两座大山，好像为人们送来绿色。

赏析要点

王安石题在湖阴先生家屋壁上的诗共有两首，

这是其中一首，也是相当有名的一首诗。前两句赞美杨家庭院的清幽。"茅檐"代指庭院。怎样写净呢？江南地湿，又时值初夏多雨季节，这对青苔的生长比之其他时令都更为有利。况且，青苔性喜阴暗，总是生长在僻静之处，较之其他杂草更难于扫除。而今庭院之内，连青苔也没有，不正表明无处不净吗？

在这里，平淡无奇的形象由于恰当的用字却具有了异常丰富的表现力。"花木"是庭院内最引人注目的景物。因为品种繁多，所以要分畦栽种。这样，"成畦"二字就并非仅仅交代花圃的整齐，也有力地暗示出花木的丰美，既整齐又不单调。

门前的景物是一条河流，一片农田，两座青山，诗人用拟人手法，将"一水""两山"写成富有人情的亲切形象。弯弯的河流环绕着葱绿的农田，正像母亲用双手护着孩子一样，既赞扬了湖阴先生的高洁品质，也是诗人品质的真实写照。

作者掠影

王安石（1021~1086），北宋著名政治家、思想家、文学家、改革家。字介甫，号半山，谥文，封荆国公。世人又称王荆公。北宋抚州临川人（今江西省抚州市临川区邓家巷人），欧阳修称赞王安石："翰林风月三千首，吏部文章二百年。老去自怜心尚在，后来谁与子争先。"其文雄健峭拔，为"唐宋八大家"之一；诗歌遒劲清新。今存《王临川集》《临川集拾遗》。王安石最得世人传诵之诗句莫过于《泊船瓜洲》中的"春风又绿江南岸，明月何时照我还"。

延伸阅读

书湖阴先生壁（其二）

[宋] 王安石

桑条索漠楝花繁，风敛余香暗度垣。
黄鸟数声残午梦，尚疑身属半山园。

桑树枝叶繁茂，楝花也十分繁盛。清风吹送楝花余香，悄悄地送过墙头。黄莺几声清脆的啼叫，惊醒了我的午觉。一梦醒来，我恍恍惚惚还觉得自己好像仍然在旧日所住的半山园中。

1. "一水护田将绿绕"一句运用了_____修辞手法，这样写的好处是_____。

2. 这首诗是_____代诗人_____的作品。诗中描写了_____的情景。

编注者：赵卫红

【参考答案】

1. 拟人　化无情为有情，赋予水以灵性，生动地写出了田园风光的盎然生机。

2. 宋　王安石　湖阴先生庭院内外的几处景物、退隐闲居的恬淡心境以及从田园山水、与平民交往中领略到的无穷乐趣。

声韵训练

《声律启蒙》的十蒸：

新对旧，降对升，白犬对苍鹰。葛巾对藜杖，涧水对池冰。

儒对士，佛对僧，面友对心朋。春残对夏老，夜寝对晨兴。

规对矩，墨对绳，独步对同登。吟哦对讽咏，访友对寻僧。

《笠翁对韵》的十蒸：

苹对蓼（liǎo），莆对菱。雁弋对鱼罾（zēng）。齐纨对鲁绮，蜀绵对吴绫。

谈对吐，谓对称。冉闵对颜曾。侯嬴对伯嚭，祖逖对孙登。

［清］郎世宁　《乾隆岁朝行乐图》

元　日①

[宋] 王安石

爆竹②声中一岁除③，

春风送暖入屠苏④。

千门万户⑤曈曈⑥日，

总把新桃⑦换旧符。

注释

①元日："元"是开始，"元日"就是农历新年的第一天，也就是正月初一。

②爆竹：古人烧竹子时使竹子爆裂发出的响声。用来驱鬼避邪，后来演变成放鞭炮。

③一岁除：一年已尽。除，逝去。

④屠苏：（1）草名（阔叶草）；（2）屠苏酒；（3）茅屋。屠苏酒：古时候，每年除夕时，家家户户用屠苏草泡成的酒。饮屠苏酒是我国过年的一种风俗。饮屠苏酒，意思是"屠绝鬼气，苏醒人魂"。据说于大年初一早上，全家老小朝东喝此酒，可保一年不生病,以后便将春节喝的酒统称屠苏酒。

⑤千门万户：形容门户众多，人口稠密。

⑥曈曈：日出时光亮而温暖的样子。

⑦桃：桃符，古代一种风俗，农历正月初一时人们用桃木板写上神荼、郁垒两位神灵的名字，悬挂在门旁，用来压邪。也作春联。

古诗今读

在一阵又一阵轰鸣的爆竹声中，旧的一年已经过去了；在和暖的春风中，人们欢乐地畅饮着新酿的屠苏酒。初升的太阳照耀着千家万户，他们都忙着把旧的桃符取下，换上新的桃符。

王安石在诗中通过"爆竹声""屠苏酒""换桃符"及开始送暖的春风等新年特有的景物描绘，展现了人们在过春节时的欢快情景和万象更新的情景。

首句"爆竹声中一岁除"，在阵阵鞭炮声中送走旧岁，迎来新年。起句紧扣题目，渲染春节热闹欢乐的气氛。

次句"春风送暖入屠苏"，描写人们迎着和煦的春风，开怀畅饮屠苏酒。

第三句"千门万户曈曈日"，写旭日的光辉普照千家万户。用"曈曈"表现日出时光辉灿烂的景象，象征无限光明美好的前景。

结句"总把新桃换旧符"，既是写当时的民间习俗，又寓含除旧布新的意思。"桃符"是一种绘有神像、挂在门上避邪的桃木板。每年元旦取下旧桃符，换上新桃符。

尤其结句"总把新桃换旧符"既是写当时的民间习俗，又寓含除旧布新的意思。王安石既是诗人，又是政治家，这首诗通过新年新气象的描写，抒写自己执政变法，除旧布新，强国富民的抱负和乐观自信的情感。

王安石（1021~1086），北宋政治家、思想家、著名文学家，唐宋八大家之一，字介甫，号半山。有《王临川集》《临川集拾遗》等。他博学多才，官至宰相。曾主持变法，《元日》这首诗就他任宰相后不久写的。

陆游的《除夜雪》

宋代诗人陆游也曾写过这样一首诗《除夜雪》：

北风吹雪四更初，嘉瑞天教及岁除。

半盏屠苏犹未举，灯前小草写桃符。

诗人陆游在除夕之夜四更天初至时，看到窗外刮起了北风，一场大雪也随即而至，不禁感叹这上天赐给我们的瑞雪，"瑞雪兆丰年"，大雪正好在除夕之夜到来，兆示着来年的丰收。盛了半盏屠苏酒的杯子还没有来得及举起庆贺，却依旧在灯下用草书体赶写着迎春的桃符。

在这首诗中我们也能看到与王安石的《元日》这首诗相似之处，同样写了"屠苏""桃符"，可以看到这两种事物在当时人们过年都有的，都能展现人们过年时欢乐的氛围。这两首诗也同样借诗表达了诗人内心的情感，王安石的《元日》表达了诗人抒写自己执政变法，除旧布新，强国富民的抱负和乐观自信的情感，陆游的《除夜雪》中蕴含了祈求来年丰收的美好愿望。

考试链接

1. 根据意思写词语。

（1）农历的正月初一。（　　　　）

（2）过去，指一年过去了。（　　　　）

（3）指千家万户。（　　　　）

2.《元日》这首诗的作者是"唐宋八大家"之一_____写的，描写了他在_____这一天看到的趣味风俗，如：_____、_____和_____。

编注者：冯玉兰

【参考答案】

1.（1）元日　（2）除　（3）千门万户

2. 王安石　正月初一　放鞭炮　饮屠苏　换桃符

［唐］ 韩幹 《牧马图》

凉 州 词①

[唐] 王翰

葡萄美酒夜光杯②，

欲③饮琵琶④马上催⑤。

醉卧沙场⑥君⑦莫笑，

古来征战⑧几人回？

注释

①凉州词：唐乐府名，属《近代曲辞》，是《凉州曲》的唱词，盛唐时流行的一种曲调名。王翰写有《凉州词》两首，慷慨悲壮，广为流传。而这首《凉州词》被明代王世贞推为唐代七绝的压卷之作。

②夜光杯：用白玉制成的酒杯，光可照明，这里指华贵而精美的酒杯。

③欲：将要。

④琵琶：这里指作战时用来发出号角的声音时用的。

⑤催：催人出征；也有人解作鸣奏助兴。

⑥沙场：平坦空旷的沙地，古时多指战场。

⑦君：你。

⑧征战：打仗。

古诗今读

酒筵上甘醇的葡萄美酒盛满在精美的夜光杯之中，歌伎们弹奏起急促欢快的琵琶声助兴催饮，想到即将跨马奔赴沙场杀敌报国，战士们个个豪情满怀。

今日一定要一醉方休，即使醉倒在战场上又何妨？此次出征为国效力，本来就打算马革裹尸，没有准备活着回来。

诗人以饱蘸激情的笔触，用铿锵激越的音调，奇丽耀眼的词语，定下开篇的第一句。"葡萄美酒夜光杯"犹如突然间拉开帷幕，在人们的眼前展现出五光十色、琳琅满目、酒香四溢的盛大筵席。这景象使人惊喜，使人兴奋，为全诗的抒情创造了气氛，定下了基调。

第二句开头的"欲饮"二字，渲染出这美酒佳肴盛宴的不凡的诱人魅力，表现出将士们那种豪爽开朗的性格。正在大家"欲饮"未得之时，乐队奏起了琵琶，酒宴开始了，那急促欢快的旋律，像是在催促将士们举杯痛饮，使已经热烈的气氛顿时沸腾起来。这句诗改变了七字句习用的音节，采取上二下五的句法，更增强了它的感染力。这里的"催字"，有人说是催出发，和下文似乎难以贯通。有人解释为：催尽管催，饮还是照饮。这也不切合将士们豪放俊爽的精神状态。"马上"二字，往往又使人联想到"出发"，其实在西域胡人中，琵琶本来就是骑在马上弹奏的。"琵琶马上催"，是着意渲染一种欢快宴饮的场面。

诗的三、四句是写筵席上的畅饮和劝酒，这是一个欢乐的盛宴，它那明快的语言、跳动跌宕的节奏所反映出来的情绪是奔放的、狂热的；它展现出的是一种激动和向往的艺术魅力，这正是盛唐边塞诗的特色。

王翰（687~726），唐代边塞诗人。字子羽，并州晋阳（今山西太原市）人，其诗载于《全唐诗》的，仅有 14 首。登进士第，举直言极谏，调昌乐尉。复举超拔群类，召为秘书正字。擢通事舍人、驾部员外。出为汝州长史，改仙州别驾。

王翰作凉州词

王翰是山西太原人，少年时就有放荡不羁的习性。考取进士大概是在 710 年。当时并州（今太原）有位长史叫张嘉贞很欣赏他的才气，总是对他"礼接甚厚"，他为这位张大人写了不少乐府词曲。当时到并州来接替张嘉贞任长史的张说，也对王翰推崇备至。后来张说升任兵部尚书，提拔王翰做秘书正字，不久又把他提为通事舍人，三年后，又升为驾部员外郎。"驾部"是专门负责往前线输送马匹与粮草等军需物资的部门。

唐朝时各少数民族对中原的侵犯始终未断，朝廷屡派军队前往边塞御敌。而军队里除了带兵打仗的武官，也还需要一批文官随军掌管文牍事务，这样一来，大批的文人就有了去边塞参战的机会，"边塞诗"也就由此而生。

王翰以驾部员外郎的身份前往西北前线，员外郎是个副职，基本由文职人员担任。王翰在前线写下了这首流传千古的《凉州词》。

这首诗感情奔放，词句华丽，为历代传诵之作。当时著名的大学士杜华的母亲崔氏甚至告诉杜华："我听过古代有个孟母三迁的故事，如今我看咱们还是搬家去和王翰做邻居吧，你只要能和王翰在一起，我心里就踏实了。"于此可见王翰当时才名。

王翰家资富饶，性格豪放不羁，家里养了好几匹名马，还有十来个歌妓，整天喝大酒赌大钱，自命王侯，狂妄一时。张说被罢了丞相后，王翰也被贬为六品的汝州长史，没多久再贬成从六品的仙州别驾。王翰到任后，还是"日聚英豪，从禽击鼓，恣为欢赏"。于是又被贬为道州司马，可是王翰上任的途中就死去了。

1. 前人对这首诗的后两句持两种不同的理解：一说作"悲伤语读"，另说作"谐谑语读"。你赞成哪一种？也可再作别解，请阐述具体理由。

2. 若按你的理解，诗的前二句的气氛描写对整首诗思想情感的表达，产生了怎样的作用呢？

编注者：闫翼茹

【参考答案】

1. 按"一说"答：诗的三、四两句是对当前戍卒生活的一个完整反映，他们酣饮时的豪爽，是因思归不能而借酒强欢以慰苦心的反常心理，低沉感伤才是潜隐其后的真实的征人心态。
   按"另说"答：诗的三、四两句是席间的劝酒之词，意思是，莫要笑话我们会醉卧沙场，我们不是早已将生死置之度外了吗？这里表现出的是豪放开朗的感情，是连死亡都无所畏惧的勇气。
2. 按第一种理解：诗的前二句通过描写戍卒酣饮时激昂畅快的气氛，有力地反衬了征人郁闷感伤的哀痛之情。
   按第二种理解：诗的前二句通过描写戍卒酣饮时激昂畅快的气氛，烘托了将士们豪放开朗的豪情性格。

［明］仇英 《桃源仙境图轴》

九月九日①忆山东②兄弟

[唐] 王维

独在异乡为异客，

每逢佳节③倍思亲。

遥知兄弟登高④处，

遍插茱萸⑤少一人。

注释

①九月九日：即重阳节。古以九为阳数，故曰重阳。
②山东：王维迁居于蒲县（今山西永济市），在函谷关与华山以东，所以称山东。
③佳节：美好的节日。
④登高：古有重阳节登高的风俗。
⑤茱萸（zhū yú）：一种香草。古时人们认为重阳节插戴茱萸可以避灾克邪。

古诗今读

我独自一人在异乡，每到佳节就加倍思念亲人。我知道在那遥远的家乡，兄弟们一定在登高望远；他们都插着茱萸，就为少了我而感到遗憾伤心。

赏析要点

诗因重阳节思念家乡的亲人而作。王维家居蒲州（今山西永济），在华山之东，所以题称"忆山东兄弟"。写这首诗时他大概正在长安谋取功名。繁华的帝都对当时热衷仕途的年轻士子虽有很大吸引力，但对一个少年游子来说，毕竟是举目无亲的"异乡"；而且越是繁华热闹，在茫茫人海中的游子就越显得孤单。

第一句用了一个"独"字，两个"异"字，充分说明对亲人的思念，对自己孤单处境的感受，都凝聚在这个"独"字里面。"异乡为异客"，不过说他乡做客，但两个"异"字所造成的艺术效果，却比一般地叙说他乡做客要强烈得多。在自然经济占主要地位的封建时代，不同地域之间的风土、人情、语言、生活习惯差别很大，离开多年生活的故乡到异地去，会感到一切都陌生、不习惯，感到自己是漂浮在异地生活中的一叶浮萍。"异乡""异客"，正是朴质而真切地道出了这种感受。作客他乡者的思乡怀亲之情，在平日自然也是存在的，不过有时不一定是显露的，但一旦遇到某种触媒——最常见的是"佳节"——就很容易爆发出来，甚至一发而不可抑止。这就是所谓"每逢佳节倍思亲"。佳节，往往是家人团聚的日子，而且往往和家乡风物的许多美好记忆联结在一起，所以"每逢佳节倍思亲"就是十分自然的了。这种体验，可以说人人都有，但在王维之前，却没有任何诗人用这样朴素无华而又高度概括的诗句成功地表现过。而一经诗人道出，它就成了最能表现客中思乡感情的格言式的警句。

　　重阳节有登高的风俗，登高时佩戴茱萸囊，据说可以避灾。茱萸，一名越椒，一种有香气的植物。三四两句，如果只是一般化地遥想兄弟如何在重阳日登高，佩戴茱萸，而自己独在异乡，不能参与，虽然也写出了佳节思亲之情，就会显得平直，缺乏新意与深情。诗人遥想的却是："遍插茱萸少一人。"意思是说，远在故乡的兄弟们今天登高时身上都佩上了茱萸，却发现少了一位兄弟——自己不在内。好像遗憾的不是自己未能和故乡的兄弟共度佳节，反倒是兄弟们佳节未能完全团聚；似乎自己独在异乡为异客的处境并不值得诉说，反倒是兄弟们的缺憾更须体贴。这就曲折有致，出乎常情。而这种出乎常情之处，正是它的深厚处、新警处。

作者掠影

　　王维（701~761），唐朝著名诗人、画家，有"诗佛"之称。字摩诘，河东蒲州（今山西运城）人，祖籍山西祁县，苏轼评价其："味摩诘之诗，诗中有画；观摩诘之画，画中有诗。"

　　开元九年（721年）中进士，任太乐丞。王维是盛唐诗人的代表，今存诗400余首，重要诗作有《相思》《山居秋暝》等。王维精通佛学，受禅宗影响很大。佛教有一部《维摩诘经》，是王维名和字的由来。王维诗书画都很有名，多才多艺，音乐也很精通。与孟浩然合称"王孟"。

王维的生平经历

王维与其小一岁的弟弟王缙幼年均聪明过人。十五岁时去京城应试，由于他能写一手好诗，工于书画，而且还有音乐天赋，所以少年王维一至京城便立即成为京城王公贵族的宠儿。有关他在音乐上的天赋，曾有这样一段故事：一次，一个人弄到一幅奏乐图，但不知为何题名。王维见后回答说："这是《霓裳羽衣曲》的第三叠第一拍。"请来乐师演奏，果然分毫不差。

在诗歌方面，有他十五、十七、十八岁时写诗的有文字记载的资料。可见，他在十几岁时已经是位有名的诗人了。这在诗人中是罕见的。当时，在那贵族世袭的社会中，像王维这样多才多艺，自然会深受赞赏。因此，二十一岁时就考中了进士。

出仕后，王维利用为官生活的空余时间，在京城南蓝田山麓修建了一所别墅，以修养身心。该别墅原为初唐诗人宋之问所有，那是一座很宽阔的去处，有山有湖，有林子也有溪谷，其间散布着若干馆舍。王维在这时和他的知心好友过着悠闲自在的生活。这就是他的半官半隐的生活情况。

一直过着舒适生活的王维，到了晚年却被卷入意外的波澜当中。玄宗天宝十四年（755年）爆发了安史之乱。在战乱中他被贼军捕获，被迫当了伪官。而这在战乱平息后却成了严重问题，他因此被交付有司审讯。幸在乱中他曾写过思慕天子的诗，加上当时任刑部侍郎的弟弟的求情，仅受贬官处分。其后，又升至尚书右丞之职。他一方面对当时的官场感到厌倦和担心，但另一方面却又恋栈怀禄，不能决然离去。于是随俗浮沉，长期过着半官半隐的生活。

考试链接

1. 诗中的"佳节"指的是_____，它在农历的_____这天。关于中国的佳节，我还知道_____、_____等。

2.《九月九日忆山东兄弟》一诗中_____、_____这两句是作者的联想。

编注者： 张亚芳

【参考答案】

1. 重阳节　九月初九　端午节　元宵节
2. 遥知兄弟登高处　遍插茱萸少一人

櫻桃黃鸝

［南宋］ 佚名 《櫻桃黃鸝圖卷》

滁州西涧①

[唐] 韦应物

独怜②幽草③涧边生，
上有黄鹂④深树⑤鸣。
春潮带雨晚来急，
野渡⑥无人舟自横。

注释

①西涧：在滁县城西，俗名称上马河，在滁州县城西。
②独怜：只（单单，唯独）喜爱。
③幽草：幽谷里的小草。
④黄鹂：即黄莺。
⑤深树：枝繁叶茂的树。
⑥野渡：荒僻的渡口。

古诗今读

（我）独独喜爱生长在山谷涧边的幽草，（抬眼望去）涧上有黄莺在枝繁叶茂深处婉转啼叫。

（走着走着）春潮伴随着傍晚的雨急急地涌来，荒僻的野外渡口空无一人，只有一叶小舟随意地在水波上纵横漂流。

赏析要点

王国维在《人间词话》里说："有我之境，以我观物，故物皆著我之色彩。"韦应物在《滁州西涧》的开篇就以"独怜"一词撩开心帘，一幅幅山间的物象引入眼帘，这些物象极具自然之野趣，充满了画意，自然地抒发了胸臆。全诗色彩浓郁，境界深远。

"独怜幽草涧边生，上有黄鹂深树鸣"，开篇一个"独"字，极为醒目，韦应物的"独"，有其丰富的内涵，这是一种不甘混同于流俗的心性，也正是有了这份心性，才有了对涧边幽草的那一份怜爱。

时任滁州刺史的诗人独步于山涧，溪流潺潺，涧边幽草萋萋，举头而望，树林阴翳，时有黄鹂鸣声上下。诗人似乎是用一种极为冷漠的笔调随意点染了这样一幅山清水秀、草绿鸟嘤的图画。有静有动，自下而上，目睹耳濡，这是一种充满了生机的清幽境界。无疑，这种境界渗透了诗人情感，是诗人以其恬淡、闲适之情描画出来的艺术形象。

因为"独怜"，便有了寻访，而又因为寻访，才有了一场暮春急雨的遇见。没有一种"怜"的心性，就不会有这样一份闲适所带来的收获。也正因了这份闲适，也就有了别具洞天的诗情："春潮带雨晚来急，野渡无人舟自横。"没料到，这时风云突变，骤来一阵急雨，立时涧水猛涨，春潮汹涌。一个"急"字，打破了山涧的宁静，呈现出的是春潮春雨飞动流转之势，然而，也正是这"急"字的背后，我们读到的是诗人的悠然。试想，郊野渡口，寂寥无人，空空的渡船在风雨中自在浮沉，悠然空泊，这种水急舟横的悠闲，自由悠哉的适意，又何尝不是诗人心境的体现？

诗中无论是涧边幽草、深树鹂鸣、还是春潮晚雨、荒郊野渡，构成的是一片萧疏淡远的自然之象，诗人如此用笔，颇有"一片神行"之感。虽字字作景语，实是字字为情语；虽字字不离眼前之物景，而又字字紧扣诗人之心境。这种心境是一种剔除了尘世烦扰而无所奢求的悠闲和宁静。

此时的诗人经历了唐朝由盛至衰，个人的荣辱由繁到简的历程，经历得越多，对名利就看得越发淡薄，心中早就厌倦了鸣声上下的喧嚷，他所祈求的不过是一种自由悠游的清幽，期待的是自然的风雨给予自己心灵的一次洗礼。

我之心境寄托在我观之物境之上。诗人将自己的这份情感，巧妙地隐藏在笔下的景物背后，触之不能及，品之却极有味。且这种情感不仅从一景一物中闪现，而是弥漫于全诗的字里行间，让这首诗拥有了一种禅意的释放，凸显深远的意境。

韦应物（737～792），唐代诗人。长安（今陕西西安）人。早年曾充唐玄宗宫廷"三卫郎"，后读书中进士，一度辞官闲居。德宗时任比部员外郎，后相继任滁州、江州、苏州刺史。因做过苏州刺史，世称"韦苏州"。今传有 10 卷本《韦江州集》、两卷本《韦苏州诗集》、10 卷本《韦苏州集》。散文仅存一篇。诗风恬淡高远，以善于写景和描写隐逸生活著称。其诗多写田园风物，效法陶渊明；又受王维影响，语言简淡。

延伸阅读

山水诗别情，疏雨共萧条

"山水诗"在唐诗中独树一帜，山水诗人自然也成了诗歌爱好者们研究的对象，最早把王维、韦应物并提的是晚唐司空图，他说："右丞苏州趣味澄澹，若清风出幽。"以后评论家大多强调他们诗风的相近之处，如明代的胡应麟《诗薮》说："有以高闲、旷逸、清远、玄妙为宗旨，六朝则陶，后则王、孟、常、储、韦、柳。"宋代朱熹倒是谈到过韦应物的特点，他说："苏州诗无一字造作，直是自在。气象近道，其高于王维、孟浩然诸人者，以无声色嗅味也。"更有前人评王维的诗为："清新明丽，自然淡雅。"总的来说，王维和韦应物的山水诗都是属于"清淡而有余味"的。

虽同是淡味，但王维诗秀美雅淡，如深夜明月，空明澄澈；韦应物诗淳朴古淡，如秋原黄菊，逢霜而绽。王维清新而淡，韦应物简古而淡，在气韵格调上各有所长。在诗味追求上，王维"味长""格老"；韦应物"气清""韵高"；王维朗畅流丽，从容不迫；韦应物洗练古雅，真朴瘦硬；王维在词不迫切上比韦应物向娴熟处拓展一步，韦应物则在"标韵"处比王维稍胜一筹。

考试链接

1. 这首诗的首句表明了诗人对涧边草的什么情感？最能体现这一情感的是哪个字？

2. 后两句历来为人们称道，这两句描绘了哪些意象？这些意象又创设出一种怎样的意境？表达出作者什么样的感情？

3. 最后一句"野渡无人舟自横"中"横"字

用得极妙，从遣词的角度试着赏析它的妙处。

编注者：刘习枝

【参考答案】

1. 表明诗人对涧边草的喜爱之情。体现这一情感的是"怜"字。

2. 意象：春潮、雨、野渡、横舟。

   意境：诗人通过这些意象，创设出一种孤寂、空旷、闲适、自由的意境。

   感情：作者不畏寂寞，喜爱清幽，恬淡闲适的情感。

3. "横"这个动词用的妙，生动形象地刻画出了当时船只的随意停泊，随性漂流。也写出了当时诗人的心情如小舟一样，希望能在世事的浮沉中随意随性，表达出高雅、闲淡之境界。

声韵训练

《声律启蒙》的十一尤：

荣对辱，喜对忧，夜宴对春游。燕关对楚水，蜀犬对吴牛。

唇对齿，角对头，策马对骑牛。毫尖对笔底，绮阁对雕镂。

庵对寺，殿对楼，酒艇对渔舟。金龙对彩凤，豮（fén）豕（shǐ）对童牛。

《笠翁对韵》的十一尤：

荣对辱，喜对忧。缱绻对绸缪（móu）。吴娃对越女，野马对沙鸥。

冠对履，舄（xì）对裘。院小对庭幽。画墙对藤地，错智对良筹。

鱼对鸟，鹘对鸠。翠馆对红楼。七贤对三友，爱日对悲秋。

［明］　陈洪绶　《梅花水仙图》

春　日^①

[宋] 朱熹

胜日^②寻芳^③泗水^④滨^⑤，

无边光景^⑥一时新。

等闲^⑦识得东风^⑧面，

万紫千红总是春。

注释

①春日：春天。

②胜日：天气晴朗的好日子，也可看出人的好心情。

③寻芳：游春，踏青。

④泗水：河流名，在山东省。

⑤滨：水边，河边。

⑥光景：风光景物。

⑦等闲：平常、轻易。

⑧东风：春风。

古诗今读

"我"选择了一个春光明媚的美好日子漫步泗水河畔，享受着游春踏青的乐趣，只见无限的风光景物一时之间都换了新颜。随便什么地方都可以看到春风的面貌，春风吹得百花齐放，万紫千红到处都是春天的景致。

赏析要点

首句"胜日寻芳泗水滨"，"胜日"指晴日，点明天气。"泗水滨"点明地点。"寻芳"，即是寻觅美好的春景，点明了主题。下面三句都是写"寻芳"所见所得。次句"无边光景一时新"，写观赏春景中获得的初步印象。用"无边"形容视线所及的全部风光景物。"一时新"，既写出春回大地，自然景物焕然一新，也写出了作者郊游时耳目一新的欣喜感觉。第三句"等闲识得东风面"，句中的"识"字承首句中的"寻"字。"等闲识得"是说春天的面容与特征是很容易辨认的。"东风面"借指春天。第四句"万紫千红总是春"，是说这万紫千红的景象全是由春光点染而成的，人们从这万紫千红中认识了春天。感受到了春天的美。这就具体解答了为什么能"等闲识得东风面"。而此句的"万紫千红"又照应了第二句中的"光景一时新"。第三、四句是用形象的语言具体写出光景之新，寻芳所得。

从字面上看，这首诗好像是写游春观感，但细究寻芳的地点是泗水之滨，而此地在宋南渡时早被金人侵占。朱熹未曾北上，当然不可能在泗水之滨游春吟赏。其实诗中的"泗水"是暗指孔门，因为春秋时孔子曾在洙、泗之间弦歌讲学，教授弟子。因此所谓"寻访"即是指求圣人之道。"万紫千红"喻孔学的丰富多彩。诗人将圣人之道比作催发生机、点燃万物的春风。这其实是一首寓理趣于形象之中的哲理诗。

作者掠影

朱熹（1130~1200），南宋著名的理学家、思想家、哲学家、教育家、诗人、闽学派的代表人物，世称朱子，是孔子、孟子以后最杰出的弘扬儒学的大师。行五十二，小名沈郎，小字季延，字元晦，一字仲晦，号晦庵，晚称晦翁，又称紫阳先生、考亭先生、沧州病叟、云谷老人、逆翁。谥文，又称朱文公。祖籍江南东路徽州府婺源县（今江西省婺源），出生于南剑州尤溪（今属福建三明市）。诗作有《观书有感》《春日》《泛舟》等著名诗作，其代表作品有《四书章句集注》《周易本义》《诗集传》《楚辞集注》等。

延伸阅读

步步香

相传，理学宗师朱熹为避"伪学"之祸，路过山下村。那日骄阳当空，盛暑难当，朱熹也走得口干舌燥，双脚发软，瞥见路口一家茶馆，忙走进茶馆坐在板凳上，呼哧呼哧直喘气。这茶馆旁边一棵大榕树，枝干苍虬，绿叶如盖，清风飒然，令人神清气爽，是纳凉的好地方。朱熹口啜香茗，开襟纳凉，浑身舒坦，连日的困顿疲劳消除了大半。

茶馆主人是个年近半百的妇女，膝下仅有一个八、九岁的男孩，是她在下山路上生的，取名"下山"。这下山自幼好学，终日手不释卷，朱熹是一个大儒，自然喜爱读书郎。他沉吟一会儿，从身上摸出一枚通宝，笑着吩咐道："替我办九种下酒菜来。"女主人接铜钱在手，心里像吊桶打水七上八下，不办嘛，得罪了客官，办吧，区区一枚铜钱如何端出九碗菜？怔怔地愣在那里，脚像生了根似的提不起来。

下山见母亲受窘，抓起铜钱说："娘，我有办法！"下山如飞般出了茶馆，不一会儿，只见他提着一把韭菜喜眉笑眼地站在朱熹面前。朱熹见状，忙把下山搂在怀里，抖动着花白胡须，高兴地流出泪水。原来韭菜的"韭"与"九"同音，朱熹醉翁之意不在酒，在于验证下山的才学，不料聪慧的下山即刻猜中了哑谜，怎不使朱熹兴奋激动呢！

朱熹在茶馆住了一夜，第二天带走了下山，悉心教授，下山也不负师教，高中进士，官拜两浙提点刑狱。下山官高爵显，举家北迁临安，他为感激朱熹提携教诲之恩，在茶馆原地修起一座"朱子祠"，奉供朱熹牌位，春秋两季，乡人顶礼膜拜，遗迹至今尚存。传说朱熹在山下住过的茶馆，蚊虫绝踪，是下山母子用艾草燃熏的结果。艾草被朱熹步履踏过，乡民称为"步步香"。

考试链接

1.《春日》的作者是_____朝_____，《春日》这首诗在描写生机勃勃的春天的同时，还告诉了我们一个深刻的道理：_____。

2.《春日》的中有两句是千古名句，请写下来：_____，_____。这两句诗的意思是：_____，_____。

3.《春日》中所包含的成语是_____，常用来_____。

編注者：胡英霞

【参考答案】

1. 宋 朱熹 因为有了"东风"才有了万紫千红的春天。

2. 等闲识得东风面 万紫千红总是春 随便什么地方都可以看到春风的面貌，春风吹得百花齐放，万紫千红到处都是春天的景致。

3. 万紫千红 形容百花齐放，色彩艳丽，也比喻事物丰富多彩。现在常比喻春天百花齐放的景色。

声韵训练

《声律启蒙》的十二侵：

眉对目，口对心，锦瑟对瑶琴。晓耕对寒钓，晚笛对秋砧。

前对后，古对今，野兽对山禽。犍牛对牝马，水浅对山深。

丝对竹，剑对琴，素志对丹心。千愁对一醉，虎啸对龙吟。

《笠翁对韵》的十二侵：

歌对曲，啸对吟。往古对来今。山头对水面，远浦对遥岑。

登对眺，涉对临。瑞雪对甘霖。主欢对民乐，交浅对言深。

［宋］ 许道宁 《渔父图》

击 壤① 歌

上古民谣

日出而作②，日入而息③。
凿井而饮，耕田而食。
帝力④于我何有⑤哉！

注释

①壤：据论是古代儿童玩具，以木做成，前宽后窄，
长一尺多，形如鞋。玩时，先将一壤置于地，然
后在三四十步远处，以另一壤击之，中者为胜。
②作：劳动。
③息：休息。
④帝力：尧帝的力量。
⑤何有：有什么（影响）。

古诗今读

太阳出来就去耕作田地，太阳落山就回家去休息。
凿一眼井就可以有水喝，种出庄稼就不会饿肚皮。

这样的日子有何不自在，谁还去羡慕帝王的权力。

赏析要点

《击壤歌》是一首淳朴的民谣，据传为上古时
代帝尧陶唐氏时的民谣。

相传，帝尧之世，天下太平，人们没有战事，
生活和乐。三五老者，一边击壤，一边踏歌，就成
了日常的娱乐，于是，一位击壤老者就唱出了此歌。

这首歌谣前四句用叙述的方式为我们展开了一
幅遥远古朴的田园画卷：太阳出来了，就起来劳动，
太阳下山了，就休息养生，打一口井就有泉可饮，
耕一片田就五谷丰登，想想就有一股清风扑面而来，
自然清爽，简单自适。这是劳动人民自食其力的生

活写照，也反映了农耕文化的显著特点。

在前面叙事的基础上，最后一句抒发情感："帝力于我何有哉！"此句可谓点睛之笔。此情可有两种理解：其一，解释为"谁还去向往那帝王的权力"，这可以反映远古农民对自然古朴的生产生活方式的自豪和满足，也可见他们身上天然散发出的旷达质朴的处世态度。其二，解释为"帝王的权力对我有什么用呢"，这可以反映远古农民对自我力量的充分肯定，以及对帝王力量的大胆蔑视。无论哪种解释，歌者那种无忧无虑的生活状态、怡然自得的神情、淡定平和的心态，都表现得十分自然真切。

整首歌谣风格极为质朴，没有任何渲染和雕饰，艺术形象鲜明生动。自然中见淳美，朴拙中见太平，吟出了高古的意境，道出了人生的真谛——依靠双手，创造生活，美好朴实，快乐自在。

诗歌出处

《击壤歌》也许是中国歌曲之祖，它是有文字记载的最早的诗歌。这首歌谣大约流传于距今四千多年前的原始社会时期。传说在尧帝的时代，"天下太和，百姓无事"，老百姓过着安定舒适的日子。一位八九十岁的老人，一边悠闲地做着"击壤"的游戏，一边唱出了这首歌。

延伸阅读

鼓腹击壤

在远古时代，有一位贤明的部落首领，他被我们后世尊称为"尧帝"。尧帝仁德如天，智慧如神，爱民如子。他制定立法，确立节气，防治水灾，大力发展农业，使得五谷丰登，百姓衣食无忧。

一日，几缕微云在淡青色的天空中闲逸，阳光铺展向大地，清泉汩汩流淌，泠泠作响。尧帝戴上黄色的帽子，穿上黑色衣裳，用他的白马架上朱红色的车子，要去视察。远远望见乡野间有一群人热闹非常，还伴有歌声琅琅。尧帝驱车上前，原来是数十位银发须眉的老者在玩击壤的游戏。他们争先恐后地将手中的木板投向远处的木板，双手在空中起落有致，双脚还有节奏地击打着土堆，口中朗朗吟唱着大地、山川、河流，还有今年的丰收，眼前的一草一木……玩的真是不亦乐乎。尧帝看得出神，忽听得一句"大哉，尧之德也！"正待循声观瞧，又一个声音响起，"日出而作，日入而息。凿井而饮，耕田而食。帝力于我何有哉！"

尧帝心里一震，看向这个唱歌的老人，他正在奋力将一块木板投出，随着手起板出，他的双脚又踏起了节拍，边唱边捡起了另一块木板，接着，很多人跟着唱起来，有用木板击节的，还有双手击掌的，有的甚至悬空腾起……他们唱着，跳着，异常欢快，仿佛返老孩童，回到了少年时代。

尧帝听着这首老百姓的歌谣，默默地离开了。

考试链接

阅读短文，回答问题。

击壤歌

山西省临汾市东北五里处一个叫康庄的地方，村东有块古老的石碑，上书"击壤处"。地以人显，事以文彰，"鼓腹击壤"的成语由此而得。"鼓腹"意即饱食，"击壤"乃古代一种投掷游戏。

相传尧帝常到民间私访，一日来至康庄，见一鹤发童颜的八十余岁老翁于道中击壤，观者发出"大哉帝之德也"的感慨。而击壤老翁却曰："日出而作，日入而息。凿井而饮，耕田而食。帝力于我何有哉！"这便是被诸多文人雅士所津津乐道和广为援引的《击壤歌》。

《击壤歌》一经壤父吟出，中国诗歌源头的闸门便开启了，于是诞生了《诗经》《楚辞》《汉府》，浸润出了唐诗、宋词、元曲……壤父之后，中国的诗坛就热闹了，于是有了数不清的无名诗人，有了屈原的傲骨，李白的飘逸，苏辛的豪放，周柳的婉约……他们把千百年来人世间的悲与欢、（　　）与散，人生的荣与（　　）、国家的（　　）与衰等万千气象，写进了锦绣诗章而使其穿越了千古尘āi，把中国的诗坛装点得灿烂无比。

《击壤歌》这个逗号点得真好，从此以后，中国的诗歌便没有了句号，只剩下了省略号。

1. 给加点字注音，根据拼音写汉字。

（1）飘逸（　　）　　　（2）尘āi（　　）

2. 下列成语中"道"的意思与其他三个不同的一个是（　　）

A. 津津乐道　　　B. 道听途说

C. 任重道远　　　D. 分道扬镳

3. 联系语境，在第③段的括号中各填写一个恰当的字。

编注者：赵燕清

【参考答案】

1.（1）yì（2）埃　2. A　3. 聚　辱　兴

丁未仲冬戏墨于

还远堂

樊圻

[清] 谢彬 《渔舟图》

舟过安仁①

[宋] 杨万里

一叶渔船两小童，

收篙②停棹③坐船中。

怪生④无雨都张伞，

不是遮头是使风⑤。

注释

①安仁：县名。在湖南省东南部，宋时设县。

②篙：撑船用的竹竿或木杆。

③棹：船桨。

④怪生：怪不得。

⑤使风：诗中指两个小孩用伞当帆，让风来帮忙，促使渔船向前行驶。

古诗今读

一条渔船上坐着两个小孩，他们收起了竹竿和船桨，坐在船中。

怪不得没下雨他们都撑着伞，原来是想利用伞，借助风力，使船前进。

赏析要点

此诗写诗人乘舟路过安仁时，所见到的情景。这首诗语言浅白如话，充满情趣，展示了无忧无虑的两个小渔童的充满童稚的行为和行为中透出的只有孩童才有的奇思妙想。这里有作者的所见：一叶小渔船上，有两个小孩子，他们收起了竹篙，停下了船桨。也有作者的所悟：哦，怪不得没下雨他们也张开了伞呢，原来不是为了遮雨，而是想利用风让船前进啊！

"一叶渔船两小童，收篙停棹坐船中。"这可能是诗人闲来一瞥发现的情景，当然，两个小孩很快引起了他的注意，为什么呢？因为他们虽坐在船上，却没有划船，撑船用的竹竿收起来了，船桨也停在那里，这不是很奇怪吗？由此可见，此时作者的心情是闲适的，也是比较愉快的，所以才注意到两个孩童的所作所为。

"怪生无雨都张伞，不是遮头是使风。"这里省略了诗人看到的两个孩子撑伞的事，省略了作者心中由此产生的疑问，而直接把疑窦顿解的愉悦写了出来。怎么解开的呢？可能是诗人看到孩童异常的行为，就开始更认真地观察、思考，结果当然是恍然大悟：哦，怪不得没下雨他们也张开了伞呢，原来不是为了遮雨，而是舞动伞柄使风吹动小船使船前进啊！也可能是直接就问两个孩子，孩子把原因讲给他听的。不管怎样，知道了原因，作者一定是哑然失笑，为小童子的聪明，也为他们的童真和稚气，于是欣然提笔，记录下这充满童趣的一幕。

杨万里写田园诗，非常善于利用儿童稚态，起到点化诗境的效果。这首诗直接把目光聚焦到儿童身上，全诗都是写儿童的稚气行为。杨万里对儿童的喜爱之情溢于言表，对两个小童子玩耍中透出的聪明伶俐赞赏有加。当然，从中也可以看出诗人的童心未泯。表达了诗人对孩子的喜爱和赞赏。

作者掠影

杨万里（1127～1206），南宋杰出诗人。字廷秀，号诚斋，吉州吉水（今属江西）人。高宗绍兴二十四年（1154）进士。曾任太常博士、广东提点刑狱、尚书左司郎中兼太子侍读、秘书监等。主张抗金，正直敢言。宁宗时因奸相专权辞官居家，终忧愤而死。与尤袤、范成大、陆游齐名，称南宋四家。其诗构思新巧，语言通俗明畅，自成一家，时称"诚斋体"。其词风格清新、活泼自然，与诗相近。相传其有诗两万余首，现存诗4200百余首，诗文全集133卷，收录于《诚斋集》。

延伸阅读

救命稻草的故事

我出生在一个渔民家庭，小时候的我很调皮。一个休渔季节，我们九个伙伴合计了一下，决定偷偷地开着家里的小渔船出海玩耍。虽然是渔民的孩子，但我们对真正的大海并没有太深的感受，只是看着大人们扬帆远航，心里充满了希望与激情，所以我们对这次航行是抱着美好幻想的。加上那天风和日丽，一路顺畅，除了轮流把舵的伙伴，有的在船头唱歌，有的躺在甲板上看探险故事，真是有滋有味。

下午，起了一阵风，我们发现天空有一群海鸟匆匆飞过。谁也没在意，大约二十分钟后，天色大变，云层加厚，风也刮得猛了，大家这才紧张起来，决定赶快回家。还没走多远，天就暗得像夜晚提前降临，风越发狂，浪越发高，小渔船此时如同一片孤零零的树叶，在海面上漂浮不定，很难控制。

一小时过去了，一个年龄比较小的伙伴哭喊，怎么还不靠岸？是啊，怎么还不靠岸？老实说，我们已经迷失了方向，即使比较大的孩子也一筹莫展，互相询问，你知道方向吗？天空又下起雨来，整艘船被水包围着，根本分不清东西南北。时间在惊慌中流逝，天气却不见好转，浪里的小船上下颠簸，好像随时要翻。绝望的情绪不断蔓延。就在这时，一个小伙伴惊叫一声："看，那边飞过一只鸟"。大家朝着他指的方向望去，但什么也没看到。

那个小伙伴激动地说：就按鸟飞的方向划船。有

人问他，为啥？他肯定地说：我这几天刚好在看一本大海探险的书，上面说鸟能识别陆地的方向。

情急中我们只好按照他说的去碰碰运气。果然，不到二十分钟，我们的前方就出现了一座岛屿。天晴后，我们才知道，这座岛屿距离海岸约五公里。

考试链接

1."怪生无雨都张伞，不是遮头是使风"中的"怪生"解释正确的一项是（　　）

A. 怪不得　　　　B. 奇怪的事情发生

C. 责怪、怪罪

2. 这首诗前两句描写的是作者的_____，后两句描写的是作者的_____。

编注者：李　靖

【参考答案】

1. A

2. 所见　所悟

[明] 文徵明 《虎山桥图》（局部）

枫桥①夜泊②

[唐] 张继

月落乌啼霜满天，
江枫渔火③对愁眠。
姑苏④城外寒山寺，
夜半钟声到客船。

注释

①枫桥：地名，在今江苏市阊门外。
②夜泊：夜间把船停靠在岸边。
③渔火：渔船上的灯火。
④姑苏：苏州的别称，因城西南有姑苏山而得名。

古诗今读

月亮落下去了，乌鸦不时地啼叫着，茫茫夜色中弥漫着满天的霜华，望着江边隐约的枫树和渔船上的灯火，满心的愁绪使我难以入睡。

苏州城外寂寞清静的寒山古寺，夜半时分，敲响的钟声传到了我所乘坐的客船里。

赏析要点

在浩瀚的古典诗词里，能把枫桥、寒山寺的秋夜美景写得这样传神，除张继外，没有第二人。

"月落乌啼霜满天，江枫渔火对愁眠。"此句意象密集：落月、啼乌、满天霜、江枫、渔火、不眠人，造成一种意韵浓郁的审美情境。上弦月升起得早，到"月落"时大约天将晓，树上的栖乌也在黎明时分发出啼鸣，秋天夜晚的"霜"透着浸肌砭骨的寒意，从四面八方围向诗人夜泊的小船，使他感到身外茫茫夜空中正弥漫着满天霜华。

"姑苏城外寒山寺，夜半钟声到客船。"后两句意象疏宕：城、寺、船、钟声，是一种空灵旷远的意境。夜行无月，本难见物，而渔火醒目，霜寒可感；夜半乃阒寂之时，却闻乌啼钟鸣。如此明灭对照，无声与有声的衬托，使景皆为情中之景，声皆为意中之音，意境疏密错落，浑融幽远。一缕淡淡的客愁被点染得朦胧隽永，在姑苏城的夜空中摇曳飘忽，为那里的一桥一水，一寺一城平添了千古风情，吸引着古往今来的寻梦者。

作者掠影

张继（约715～约779），唐代诗人，字懿孙，襄州（州治在今湖北省襄阳市）人。天宝十二年（753）登进士。然落选归乡。唐代宗李豫宝应元年（762）十月，政府军收复两京（长安，洛阳），张继被录用为员外郎征西府中供差遣，从此弃笔从戎，后入内为检校员外郎又提升检校郎中，最后为盐铁判官。分掌财赋于洪州。大历末年张继上任盐铁判官仅一年多即病逝于任上，其友人刘长卿作悼诗《哭张员外继》曰："世难愁归路，家贫缓葬期。"可见其清廉

正直，后来其妻亦殁于其地。张继有诗集《张祠部诗集》一部流传后世，为文不事雕琢，其中以最著名。

张继流传下的作品很少，全唐诗仅收录《枫桥夜泊》一首，已使其名留千古，而"寒山寺"也拜其所赐，成为远近驰名的游览胜地。

延伸阅读

枫桥夜泊

孙丁仰沁

秋落残阳梦离别
问琴声悠悠
前世沧桑却不忘
爱会永久
相见在桥头

白驹过隙又一生
醒来痕梦已过
曾许享受人生烟火
枫叶已落
遥望无人桥头

浪迹天涯
寻找钟声敲响的中转
你在远方是否会唱起
那首古老的离歌

月落乌啼霜满天
江枫渔火对愁眠
姑苏城外寒山寺
夜半钟声到客船

燕飞南阙春又来
人去不复还
一生天涯别两端
秋叶离寒
落泪人间温暖

身在异乡分彼岸
来世枫桥相伴
梦醒秋去红叶满山
又到客船
用情难离聚散

浪迹天涯
寻找钟声敲响的中转
你在远方是否会唱起
那首古老的离歌

月落乌啼霜满天
江枫渔火对愁眠
姑苏城外寒山寺
夜半钟声到客船

记得小时侯我有时贪玩什么都不懂
妈妈总会告诉我说人还学会等候
有点难吃不透
但我想我应该能够
张继的诗句也许是那个时候才会有
想起那一天在枫桥见你雨还下着
让我相信爱情理想生命都会永久
恍惚间睡梦中
又看见那块石头
刻着枫桥夜泊一生相守

月落乌啼霜满天

江枫渔火对愁眠

姑苏城外寒山寺

夜半钟声到客船

很久以前

离散的人

突然相见今生缘

考试链接

1.《枫桥夜泊》一、二句写的是诗人＿＿＿＿的景色，三四句写的是诗人＿＿＿＿的声音，抒发了诗人在旅途中＿＿＿＿的思想感情。

2. 阅读李白的《静夜思》，分析与《枫桥夜泊》的异同。

编注者：杜霞霞

【参考答案】

1. 看到 听到 孤寂忧愁思乡

2. 相同点：都写到了月；都抒发了一种思乡之情。不同点：李白的《静夜思》是诗人远离家乡，不得归乡，借月抒情。而《枫桥夜泊》是诗人落榜之后，漂泊到苏州，被此地月夜美景所吸引，写下的一首羁旅诗。表现自己心中的愁苦，夜不能寐。

声韵训练

《声律启蒙》的十三覃：

千对百，两对三，地北对天南。佛堂对仙洞，道院对禅庵。

将对欲，可对堪，德被对恩覃。权衡对尺度，雪寺对云庵。

中对外，北对南，贝母对宜男。移山对浚井，谏苦对言甘。

《笠翁对韵》的十三覃：

宫对阙，座对龛（kān）。水北对天南。蜃楼对蚁郡，伟论对高谈。

闻对见，解对谙。三橘对双柑。黄童对白叟，静女对奇男。

近見戴文節公畫
冊有此一幀幽靜深
遠令人作丘壑之想
展為是幀帳不能追
步前賢但吳不偹
而已輏傳
潤之四兄屬久之一笑
吳大澂

先公此圖本董戴目接記戴所錄蓋作于元倩癸巳城湘時壬午心戌十月偭于洗二湖帆澂記

[清] 吴大澂 《仿戴熙山水图轴》

104

桃 花 溪①

[唐] 张旭

隐隐飞桥②隔野烟，

石矶③西畔问渔船④。

桃花尽日⑤随流水，

洞⑥在清溪何处边。

注释

①桃花溪：水名，在湖南省桃源县桃源山下。

②飞桥：高桥。

③石矶：水中积石或水边突出的岩石、石堆。

④渔船：源自陶渊明《桃花源记》中语句。

⑤尽日：整天，整日。

⑥洞：指《桃花源记》中武陵渔人找到的洞口。

古诗今读

一座高桥隔着云烟出现，在岩石的西畔询问渔船。

桃花整天随着流水流淌，桃源洞口在清溪的哪边？

赏析要点

这首诗通过描写桃花溪幽美的景色和作者对渔人的询问，抒写一种向往世外桃源，追求美好生活的心情。

"隐隐飞桥隔野烟"，起笔写远景：深山野谷，云烟缭绕；透过云烟望去，那横跨山溪之上的长桥，忽隐忽现，似有似无，恍若在虚空里飞腾。这境界多么幽深、神秘，令人朦朦胧胧，如入仙境。在这里，静止的桥和浮动的野烟相映成趣：野烟使桥化静为动，虚无缥缈，临空而飞；桥使野烟化动为静，宛如垂挂一道轻纱帷幔。隔着这帷幔看桥，使人格外感到一种朦胧美。"隔"字，使这两种景物交相映衬，溶成一个艺术整体；"隔"字还暗示出诗人是在远观，若是站在桥边，就不会有"隔"的感觉了。

接着画近景。近处，水中露出嶙峋岩石，如岛如屿（石矶）；那漂流着片片落花的溪上，有渔船在轻摇，景色清幽明丽。"石矶西畔问渔船"，一个"问"字，诗人也自入画图之中了，使读者从这幅山水画中，既见山水之容光，又见人物之情态。诗人伫立在古老的石矶旁，望着溪上飘流不尽的桃花瓣和渔船出神，恍惚间，他似乎把眼前的渔人当作当年曾经进入桃花源中的武陵渔人。那"问"字便脱口而出。

"问渔船"三字，逼真地表现出这种心驰神往的情态。三、四句，是问讯渔人的话：但见一片片桃花瓣随着清澈的溪水不断漂出，却不知那理想的世外桃源洞在清溪的什么地方呢？这里，桃源洞的美妙景色，是从问话中虚写的，诗人急切向往而又感到渺茫难求的心情，也是从问话中委婉含蓄地透露出来的。

这首诗从远到近，正面写来，然后用问讯的方式从实入虚，构思布局相当新颖巧妙，创造了一个饶有画意、充满情趣的幽深境界。

作者掠影

张旭（675～约750），唐代书法家、诗人，字伯高，一字季明，唐朝吴县（今江苏苏州）人。善草书，性好酒，世称张颠。其草书当时与李白诗歌、裴旻剑舞并称"三绝"，诗亦别具一格，以七绝见长。与李白、贺知章等人共列饮中八仙之一。又工诗，与贺知章、张若虚、包融号称"吴中四士"。传世书迹有《肚痛帖》《古诗四帖》等。

延伸阅读

《桃花源记》白话译文节选

东晋太元年间，武陵郡有个人以打渔为生。一天，他顺着溪水行船，忘记了路程的远近。忽然遇到一片桃花林，生长在溪水的两岸，长达几百步，中间没有别的树，花草鲜嫩美丽，落花纷纷地散在地上。渔人对此（眼前的景色）感到十分诧异，继续往前行船，想走到林子的尽头。

桃林的尽头就是溪水的发源地，于是便出现一座山，山上有个小洞口，洞里仿佛有点光亮。于是他下了船，从洞口进去了。起初洞口很狭窄，仅容一人通过。又走了几十步，突然变得开阔明亮了。（呈现在他眼前的是）一片平坦宽广的土地，一排排整齐的房舍。还有肥沃的田地、美丽的池沼，桑树竹林之类的。田间小路交错相通，鸡鸣狗叫到处可以听到。人们在田野里来来往往耕种劳作，男女的穿戴跟桃花源以外的世人完全一样。老人和小孩们个个都安适愉快，自得其乐。

渔人出来以后，找到了他的船，就顺着旧路回去，处处都做了标记。到了郡城，到太守那里去，报告了这番经历。太守立即派人跟着他去，寻找以前所做的标记，终于迷失了方向，再也找不到通往桃花源的路了。

《桃花源记》是东晋文学家陶渊明的代表作之一，是《桃花源诗》的序言，选自《陶渊明集》。此文借武陵渔人行踪这一线索，把现实和理想境界联系起来，通过对桃花源的美景及悠闲自在的生活的描绘，表现了作者追求美好生活的理想

考试链接

1. 解释《桃花溪》中词的意思。

飞桥：＿＿＿＿＿＿＿＿＿＿＿＿＿

石矶：＿＿＿＿＿＿＿＿＿＿＿＿＿

尽日：＿＿＿＿＿＿＿＿＿＿＿＿＿

2. 请用优美的语句描述"隐隐飞桥隔野烟"的画面，并说说这句营造了怎样的氛围？

3. 这首诗表达了诗人什么情感？

编注者：高　丽

【参考答案】

1. 飞桥：高桥。

   石矶：水中积石或水边突出的岩石、石堆。

   尽日：整天，整日。

2. 深山野谷，烟雾缭绕，透过云烟望去，那横跨山溪上的长桥，忽隐忽现，似有似无，恍若在仙境里飞腾，营造出烟雾迷蒙、幽深神秘的氛围。

3. 表达了诗人对田园美好生活的向往，以及追求不到的怅惘、无奈的思想情感。

〔明〕 陈洪绶 《蕉荫读书图》

观书有感①（其一）

[宋] 朱熹

半亩方塘一鉴②开③，
天光云影共徘徊④。
问渠⑤那得⑥清如许⑦？
为⑧有源头活水⑨来。

注释

①感：感想、感受。《观书有感》有两首，这是其中一首。

②鉴（jiàn）：镜子。

③开：打开。

④徘徊（pái huái）：来回移动。

⑤渠（qú）：流水的通道，这里指方塘之水。

⑥那得：怎么能。

⑦清如许：这样清澈。如，如此，这样。

⑧为：因为。

⑨源头活水：比喻知识是不断更新和发展的，从而不断积累，只有在人生的学习中不断地学习、运用和探索，才能使自己永保先进和活力，就像水源头一样。活水，有生机、有活力、流动的水。

古诗今读

半亩大的方形池塘像一面镜子一样打开，清澈明净。天光和云影一齐映入水塘，在水面上闪耀不停地晃动。

要问池塘里的水为何这样清澈呢？是因为有活水从源头不断流来。

诗中不仅写了池塘的美丽景色，还通过看到源源不断的活水流进池塘，池塘中的水才会如此清澈这一现象，联想到了"人的心智，也是由不断读书，不断汲取新的知识，才能更加开阔，更加敏锐"这一深刻的道理。这首诗表面描写景物，实际写了作者微妙难言的读书感受（借景喻理）。暗喻人的心灵澄明，就要不断读书，不断学习新知识，才能达到新境界。

"半亩方塘一鉴开，天光云影共徘徊"句，将书比作半亩方塘。书是长方形的，所以说"半亩方塘"。"一鉴开"，以镜子作比，形容方塘极其清澈。天光和云影一齐映入水塘，不停地晃动，写清澈方塘中倒映的美好景致。"天光""云影"，比喻书中的内容。

"问渠哪得清如许？为有源头活水来"句水之清澈，是因为有源头活水不断注入，暗喻人要心灵澄明，就得认真读书，时时补充新知。因此人们常常用来比喻不断学习新知识，才能达到新境界。人们也用这两句诗来赞美一个人的学问或艺术的成就，自有其深厚的渊源。

朱熹（1130～1200），南宋著名的理学家、思想家、哲学家、教育家、诗人、闽学派的代表人物，世称朱子，是孔子、孟子以后最杰出的弘扬儒学的大师。行五十二，小名沈郎，小字季延，字元晦，一字仲晦，号晦庵，晚称晦翁，又称紫阳先生、考亭先生、沧州病叟、云谷老人、逆翁。谥文，又称朱文公。祖籍江南东路徽州府婺源县（今江西省婺源），出生于南剑州尤溪（今属福建三明市）。朱熹是唯一非孔子亲传弟子而享祀孔庙，位列大成殿十二哲者中，受儒教祭祀。

朱熹著述甚多，有《四书章句集注》《太极图说解》《通书解说》《周易读本》《楚辞集注》，后人辑有《朱子大全》《朱子集语象》等。其中《四书章句集注》成为钦定的教科书和科举考试的标准。

观书有感（其二）

昨夜江边春水生，艨艟巨舰一毛轻。

向来枉费推移力，此日中流自在行。

这也是一首借助形象说理的诗。它以泛舟为例，让读者去体会与学习有关的道理。诗中说往日舟大水浅，众人使劲推船，也是白费力气，而当春水猛涨，即使艨艟巨舰也如羽毛般轻，自由自在地飘行在水流中。诗中突出春水的重要，意在强调艺术灵感的勃发，足以使得艺术创作流畅自如。也可以理解为创作艺术要基本功夫到家，则熟能生巧，驾驭自如。这首诗很可能是作者苦思某个问题，经过学习忽然有了心得后写下来的。

以"巨舰大船"做比喻，看出朱熹所品评的是榜书大字的创作。此诗的寓意也很深，以水涨船高则能够行驶自在，形象地比喻书法艺术创作一旦灵感勃发，则能够使书写一下子变得流畅自如，这不仅仅是书法艺术的一个本质过程，也是一般艺术创作的重要本质。当然，该诗也可以从另外一个角度理解，即朱熹看见书法作品的技艺精炼且生动流畅，品味出熟能生巧的艺术道理。

考试链接

1. 对朱熹《观书有感》赏析有误的一项（　　）

A. 这是一首借景喻理的名诗，全诗以方塘作比，形象地表达了一种微妙难言的读书感受。

B. 诗歌用"半亩方塘"比喻书，"天光、云影"比喻书中的内容，运用比喻表现诗人读书疑惑不解而徘徊思考时的境界。

C. 三、四句借水之清澈是因为有源头活水不断注入，暗喻人要心灵澄明就得认真读书。时时补充新知，这样才能达到新境界。

D. 这首诗前两句写景，后两句议论，暗含哲理，给人启发，只有思想活跃，以开明宽阔的胸襟接受种种不同的思想、鲜活的知识。广泛包容，才能才思不断、新水流长。

2. 上联写景怎样具体描绘方塘的清澈明净？诗人用方塘的感性形象比喻什么？

3. 赏析"半亩方塘一鉴开，天光云影共徘徊"的妙处。

编注者：谢凤燕

声韵训练

《声律启蒙》的十四盐：

悲对乐，爱对嫌，玉兔对银蟾。醉侯对诗史，眼底对眉尖。

如对似，减对添，绣幕对朱帘。探珠对献玉，鹭立对鱼潜。

逢对遇，仰对瞻，市井对闾阎。投簪对结绶，握发对掀髯。

《笠翁对韵》的十四盐：

宽对猛，冷对淡。清直对尊严。云头对雨脚，鹤发对龙髯。

连对断，减对添。淡泊对安恬。回头对极目，水底对山尖。

人对己，爱对嫌。举止对观瞻。四知对三语，义正对辞严。

［明］李士达 《坐听松风图》

明 日 歌

[明] 文嘉

明日复①明日，明日何其②多？

日日待③明日，万事成蹉跎④。

世人皆被明日累⑤，明日无穷老将至。

晨昏滚滚水东流，今古悠悠日西坠。

百年明日能几何？请君⑥听我明日歌。

注释

①复：又。

②何其：多么。

③待：等待。

④蹉跎（cuō tuó）：光阴虚度。

⑤累（lěi）：带累，使受害。

⑥请君：请诸位。

古诗今读

一个明天接着又是一个明天，明天是何等的多啊！

可是人的一生如果在等待中度过，那么，他将虚度光阴，一事无成，一切事情都会错过机会。

世上的人们如果被明日所羁绊，则年复一年，光阴飞逝，暮年将会在不知不觉中到来。

早晨看河水东流而去，傍晚看夕阳西下，从早到晚，一天天就像这滚滚东流水一样，飞逝而去，从古至今的漫长岁月，就是随着落日西下，慢慢过去。

百年之中又能有多少个明日呢？请大家听一听我的《明日歌》吧。

这一首《明日歌》，内容充实浅显，语言明白如话，说理通俗易懂，很有教育意义。这首诗给人的启示是：世界上的许多东西都能尽力争取和失而复得，只有时间难以挽留。人的生命只有一次，时间永不回头。不要今天的事拖明天，明天拖后天。要"今天的事，今日毕"。

这一首《明日歌》自问世至今，数百年来广为世人传颂，经久不衰。诗人在作品中告诫和劝勉人们要牢牢地抓住稍纵即逝的今天，今天能做的事一定要在今天做，不要把任何计划和希望寄托在未知的明天。今天才是最宝贵的，只有紧紧抓住今天，才能有充实的明天，才能有所作为，有所成就。否则"明日复明日，"到头来只会落得"万事成蹉跎"，一事无成，悔恨莫及。因此，无论做什么事都应该牢牢铭记：一切从今天开始，一切从现在开始。

文嘉（1501～1583），明代诗人，吴门派代表画家。字休承，号文水，明湖广衡山人，系籍长州（今江苏苏州）。文徵明仲子。初为乌程训导，后为和州学正。能诗，工书，小楷清劲，亦善行书。精于鉴别古书画，工石刻，为明一代之冠。善画山水，笔法清脆，颇近倪瓒，着色山水具幽澹之致，间仿王蒙皴染，亦颇秀润，兼作花卉。明人王世贞评："其书不能如兄，而画得待诏（文徵明）一体。"詹景凤亦云："嘉小楷轻清劲爽，宛如瘦鹤，稍大便疏散不结束，径寸行书亦然，皆不逮父。"

反思自我，方能前行

《明日歌》，我们小时候就能熟练的背诵，有谁不明白如此简单明了的道理？何须赘言。更有古人留下数不清的劝勉名句，也都是耳熟能详，又有谁没有听过？

"黑发不知勤学早，白首方悔读书迟。"
"花儿还有重开日，人生没有再少年。"

"盛年不重来，一日难再晨。及时当勉励，岁月不待人。"

"劝君莫惜金缕衣，劝君惜取少年时。有花堪折直须折，莫待无花空折枝。"

"少壮不努力，老大徒伤悲。"

"少年易老学难成，一寸光阴不可轻。"

…………

然而可怕之处正在此：每个人都深谙的道理，每个人都在重复错误，亘古不变，周而复始。驻足回首，有多少"蹉跎"，裹挟着悔恨和羞愧，将我们淹没，"窒息"的恐慌，让我们选择逃避和无视，于是再一次，人性的原恶，将我们击败。

有人说，懒惰与拖延，人类共有的"慢性病"。于是，我们有了再次失败的理由，无视懦弱的借口，仅仅因为它们是人类共同的错误。

当一件事需要我们完成的时候，"明日"便成了"懒惰"最好的借口，而"安逸"则是"拖延"最好的朋友。著名哲学家培根说："在事情初起之际抓住最佳时机，绝对是至高无上的智慧。""拖延"让我们错失良机，"安逸"让我们"死无葬身之地"。

其实，最可恶的不是"懒惰""拖延"，最可恶的是我们自己，无法轻易战胜自己，而这个强大的自己，其"兵器"便是我们创造发明的形而上的这些词汇——"明日"。

对于每个人来说，这都是持续一生的惨烈战争，活成自己也就意味着战胜自己，而所谓的懒惰、拖延也将不复存在！

所以，在这场战争中，我们是将军，运筹帷幄，我们又是战士，枕戈待旦！保持应该有的状态，才会赢得每次战斗。

趁着天晴好晒米，莫因碌碌悔断肠。千里之行从跬步，涓滴不弃成海洋。反思自我，方能前行。

考试链接

1. 写出"日日待明日，万事成蹉跎"这句诗的意思。

2. 与"百年明日能几何？"意思有异的一项是（　　）

A. 一百年中没有几个明天。

B. 一百年能有几个明天？

C. 一百年内的明天难以计数。

D. 即使是一百年也没有几个明天。

3. 《明日歌》给人什么样的启示？

《声律启蒙》的十五咸：

　　清对浊，苦对咸，一启对三缄。烟蓑对雨笠，月榜对风帆。

　　能对否，圣对贤，卫瓘对浑瑊。雀罗对鱼网，翠巘对苍崖。

　　冠对带，帽对衫，议鲩对言谗。行舟对御马，俗弊对民嵒（yán）。

《笠翁对韵》的十五咸：

　　栽对植，薙对芟。二伯对三监。朝臣对国老，职事对官衔。

　　梧对杞，柏对杉。夏濩（huò）对韶咸。洞澶对溱洧，巩洛对崤函。

　　袍对笏，履对衫。匹马对孤帆。琢磨对雕镂，刻划对镌镵（chán）。

编注者：赵春霞

编者的话

在悠悠几千年的历史长河里，中华古诗词是中华传统文化中最灿烂的篇章，熠熠生辉，光耀古今。古诗词不仅是中国人的精神基因，也是我们文化的筋骨，撑起了文化传承的半壁江山。为了贯彻中共中央、国务院关于加强中国传统文化传承教育的精神和教育部关于中小学语文教学中增加古诗文比重和素养的要求，我们编写了这套丛书。

编写一套适合新时代读者学习古诗词的丛书并不是一时心血来潮的冲动。我们志在发展一种新的学习载体和学习模式。我们的目标是既适合中小学生语文课后阅读拓展训练，也适合读者循序渐进的学习，既能通过纸质版阅读，也可通过移动端进行电子学习。为此，我们从学习者的生理心理发展与认知能力、学习者诗词鉴赏能力的进阶管理、语文课程标准与中高考备考要求、诗会与诗词竞赛等活动对古诗词素养的要求、在线学习与交流等多个维度上进行了立意，辅以古诗词中字音义的难度、篇幅的长短、理解难易度等方面的综合考虑，参考国际上语言类分层教学的成功模式，精心运筹，把丛书划分为十二个等级，编为十二个分册，也可以匹配基础教育的十二个年级。成书后，我们发现，这种学程进度管理和阅读分级也十分吻合王国维先生在《人间词话》中关于诗词的三个境界的宗旨。比如对词的样本的挑选，从十六字令、忆江南等小令到中调、长调，分段逐级编排。这套丛书，也是中国有规模的古诗词丛书分级阅读的首次尝试。

《中华最美古诗词360首》精选了380多首古诗词，时间跨度上起先秦下迄清末，吸取了近现代古诗词研究大家的学术成果和经典诗词选本的优点，力争把中国古典诗词领域最具代表性的作者及其经典作品选进来，重在发掘主流文化价值，畅咏家国情怀，赞美社会责任感，兼顾各种风格、诗品和类型，比如，山水田园、爱国思乡、边塞、羁旅、咏史、送别、闺怨等无所不包，从"明月松间照，清泉石上流"的山涧幽景到"忽如一夜春风来，千树万树梨花开"的边塞奇观，随着层级的递升，古诗词的内容越发丰富，一个个鲜活的诗词大家在不断走进读者的视野，一首首风格迥异的诗词，如画轴般徐徐展开。

本丛书虽然定位为一套普识性的诗词读本，但并不普通。本丛书汇聚三百多位一线名师的智慧和心血，不仅有详尽的注释、生动的古诗词今读，还有一线教师极具个性的解读、有趣的关联延伸阅读，更有为应对各类考试而准备的测试题目和部分可资参考的教学资料，高度匹配教学要求，吻合教学实际，是古诗词精读和深度学习的不二选择。

本丛书在诗词筛选与编注过程中得到了很多专家、学者的指导和帮助。中国阅读学研究会副秘书长刘立峰、《中国教师》杂志社田玉敏教授、光明日报《教育家》杂志社王俊文先生等人给予我们许多具体指导、论证和鼓励，在此我们表示衷心的谢忱；对参与本丛书编注的三百多位教师的辛苦付出与劳动表示衷心的感谢，对参与书稿审校的林新杰、尚荣荣等同志表示衷心的谢意，同时感谢刘权先生对本书的出版给予的大力支持。

把 380 多首古诗词的解读深化为 12 个读本，卷帙不小，耗时费力可想而知，疏漏和不足在所难免，诚请广大读者批评指正，并给我们提出宝贵意见和建议，以便再版时订正和优化，帮助我们不断改进和完善，不断提高本丛书的质量。延伸阅读等模块中有部分作品是教师推荐给学生的传统阅读名篇，雷同或错漏在所难免，在此深表歉意。我们与收入本书作品的作者进行了广泛联系，烦请未能联系上的作者联系我们，以便支付稿酬。

最后，需要特别指出的是，本丛书委托北京名狮教育科技公司加工制作了电子版，这也是传统出版物发展新一代电子辅助教材的有益尝试，十分符合国家关于大力发展新一代数字阅读的文件精神。购买了本丛书的读者，可以通过扫描书中的二维码在移动端免费听朗读、看诗词原文，但本书纸质版的定价中不包含电子版的制作成本支出，因此购买了纸质版的读者使用电子版时，除了听朗读、看原文及其注释免费外，阅读电子版的其他页面和模块需要另行付费，如有疑问，具体请与北京名狮教育科技公司联系。

联系方式：（010）88113200

本书编委会